Serhat Kara

Wie gelingt die IT-Integration bei M&A-Transaktionen?

Chancen und Risiken bei der Post Merger Integration

Bibliografische Information der Deutschen Nationalbibliothek:

Die Deutsche Nationalbibliothek verzeichnet diese Publikation in der Deutschen Nationalbibliografie; detaillierte bibliografische Daten sind im Internet über http://dnb.d-nb.de abrufbar.

Impressum:

Copyright © Studylab 2020

Ein Imprint der GRIN Publishing GmbH, München

Druck und Bindung: Books on Demand GmbH, Norderstedt, Germany

Coverbild: GRIN Publishing GmbH | Freepik.com | Flaticon.com | ei8htz

Inhaltsverzeichnis

Abbildungsverzeichnis IV

Abkürzungsverzeichnis V

1 Einleitung **1**

2 IT-Grundlagen im M&A-Prozess **4**
    2.1 Informationstechnologie und verwandte Begriffe im betrieblichen Kontext 4
    2.2 M&A als Anlass für eine IT-Integration 6
    2.3 Die Bedeutung der IT auf die Integrationsphase 12

3 Durchführung der IT-Integration und Besonderheiten im Mittelstand **14**
    3.1 Ziele der IT-Integration 14
    3.2 Grundlage und Planung der IT-Due Diligence 15
    3.3 Integrationsmethoden 18
    3.4 Phasen der Integration 20
    3.5 Gesetzliche Vorgaben in Bezug auf die IT-Integration 24
    3.6 Struktur, Herausforderung und Entwicklung der IT im Mittelstand 27
    3.7 Besonderheiten chinesischer Investitionen in Deutschland 31

4 Fallstudie zur IT-Integration **34**
    4.1 Eckdaten der beteiligten Unternehmen 34
    4.2 Ausgangssituation der beteiligten Unternehmen im Hinblick auf die IT 38
    4.3 Systemanalysen und Konzeptionierung für die Integration 41
    4.4 Durchführung der Datenmigration 43
    4.5 Zusammenfassung der Erkenntnisse 50

5 Zusammenfassung und Ausblick **53**

Literaturverzeichnis **55**

Anhang **60**

Abbildungsverzeichnis

Abb. 1: Metaanalyse zur gewählten Nachfolgelösung von Familienunternehmen (Angaben in Prozent) 2

Abb. 2: Allgemeines Grundmodell einer Informationsarchitektur 5

Abb. 3: Angekündigte weltweite M&A Transaktionen vs. MSCI World Index von 1990 bis 2014 8

Abb. 4: Weltweite M&A Aktivitäten nach Regionen von 1990 bis 2014 9

Abb. 5: Weltweite M&A Transaktionen mit Finanzinvestoren als Käufer von 1997 bis 2014 11

Abb. 6: Ursachen für gescheiterte Transaktionen 13

Abb. 7: Grundsätze ordnungsmäßiger Due Diligence 16

Abb. 8: Gegenüberstellung der vier Integrationsmethoden 20

Abb. 9: Schwierigkeiten bei der Einführung von ERP-Systemen 23

Abb. 10: Cloud Computing wird zum Topthema im deutschen IT-Mittelstand ... 30

Abb. 11: Unternehmensstruktur des akquirierenden Unternehmens 35

Abb. 12: Kernprozesse des akquirierenden Beispielunternehmens 36

Abb. 13: Unternehmensstruktur des akquirierten Unternehmens 37

Abb. 14: Struktur der IT-Systeme des Mutterunternehmens 39

Abb. 15: Struktur der IT-Systeme des Zielunternehmens 40

Abb. 16: Wesentliche Unterschiede der IT-Systeme 42

Abb. 17: Grobplanung der IT-Migration 44

Abb. 18: Schema der Datenmigration 47

Abb. 19: Freigesetzte Mitarbeiter des Projektes nach der Restrukturierung ... 49

Abb. 20: Anteil der größten M&A-Deals chinesischer Unternehmen am Gesamtvolumen der Transaktionen in Westeuropa 60

Abb. 21: Projektorganisation bei der IT-Integration 60

Abb. 22: Auswertung des Experteninterviews 61

Abkürzungsverzeichnis

ADIA	Abu Dhabi Investment Authority
AGB	Allgemeine Geschäftsbedingungen
ASCII	American Standard Code for Information Interchange
AWG	Außenwirtschaftsgesetz
AWV	Außenwirtschaftsverordnung
BGB	Bürgerliches Gesetzbuch
BITCOM	Bundesverband Informationswirtschaft, Telekommunikation und neue Medien e.V.
BMF	Bundesministerium der Finanzen
BMJV	Bundesministerium der Justiz und für Verbraucherschutz
BMWi	Bundesministerium für Wirtschaft und Energie
CAD	Computer Aided Design
CIO	Chief Information Officer
DAX	Deutscher Aktienindex
EDV	Elektronische Datenverarbeitung
ERP	Enterprise Resource Planning
EY	Ernst & Young
GoDD	Grundsätze ordnungsmäßiger Due-Diligence
IaaS	Infrastructure as a Service
IfM	Institut für Mittelstandsforschung
Inc.	Incorporated
IT	Informationstechnologie
IV	Informationsverarbeitung
KMU	Kleine und mittlere Unternehmen
LBO	Leveraged Buyout
LoI	Letter of Intent
M&A	Mergers & Acquisitions

MOFCOM	Ministry of Commerce People's Republic of China
MSCI	Morgan Stanley Capital International
NDRC	National Development and Reform Commission of the People's Republic of China
PaaS	Platform as a Service
QIA	Qatar Investment Authority
Rn.	Randnummer
SaaS	Software as a Service
SWF	Sovereign Wealth Funds
UrhG	Urheberrechtsgesetz

1 Einleitung

Die Informationstechnologie (IT) und deren Leistungsfähigkeit spielt oftmals eine zentrale Rolle für den Unternehmenserfolg. Dies wird vor allem bei sogenannten Mergers & Acquisitions (M&A) Transaktionen deutlich. Ganze 31 Prozent der IT-Projekte im Zuge einer Fusion scheitern.[1] Des Weiteren können nur 16 Prozent innerhalb der geplanten Zeit durchgeführt werden. Dies belegte eine Studie, in der Deloitte zusammen mit der Johannes-Gutenberg-Universität Mainz 450 IT-Führungskräfte deutscher Großunternehmen befragte. Es schätzten 64 Prozent der befragten Chief Information Officer (CIO) die IT-Kompetenz ihres Unternehmens hierzu nur als befriedigend oder schlecht ein, welches die Problematik / Schwierigkeit in diesem Bereich nahezu bestätigt.[2]

Vor allem kleine und mittelständische Unternehmen (KMU's)[3] sind oft ein Akquisitionsziel für Großunternehmen. Bei vielen KMU's handelt es sich um Familienunternehmen, welche insbesondere ein Nachfolgeproblem haben. Deshalb neigen die Eigentümer eher dazu das Unternehmen zu verkaufen und die Fortführung der Geschäftstätigkeit zu gewährleisten. Doch es gibt nicht nur auf Seiten der KMU's Bedarf für solche Transaktionen. Für Großunternehmen haben diese Übernahmen ebenfalls strategische Bedeutung. Hierdurch erhofft man sich unter anderem die Stärkung der eigenen Stellung auf dem Markt und die Aneignung von neuem Knowhow. Wie man der folgenden Analyse entnehmen kann, können nur 53 Prozent der Eigentümer das Familienunternehmen an Kinder oder Familienangehörige übergeben. Die restlichen 47 Prozent müssen das Unternehmen entweder an eigene Mitarbeiter oder an andere Unternehmen bzw. Interessenten übertragen.[4]

---

[1] Vgl. Guggenberger, J.M. (2010), S. 2.
[2] Vgl. Deloitte & Touche (2008).
[3] Vgl. Institut für Mittelstandsforschung (IfM) (2019): Unternehmen bis 500 Mitarbeiter und 50 Millionen Euro Umsatz.
[4] Vgl. Kay, R. et al. (2018), S. 21-24.

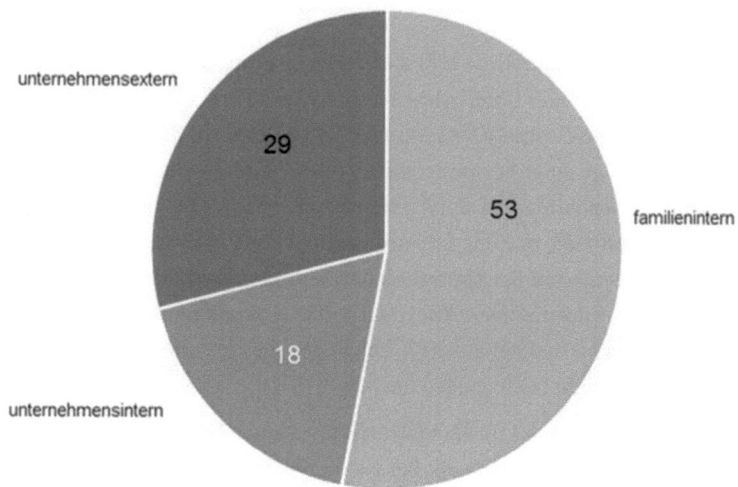

Abb. 1: Metaanalyse zur gewählten Nachfolgelösung von Familienunternehmen (Angaben in Prozent)[5]

Die IT gilt als Erfolgsfaktor[6] in M&A Transaktionen. Ziel der Arbeit ist es an dieser Problematik / Schwierigkeit anzusetzen und die Bedeutung der IT-Integration im Zuge solcher Transaktionen zu verdeutlichen. Der Leser sollte hierbei einen umfassenden Einblick in die Schnittstelle der IT in M&A erhalten und die Chancen / Risiken im Hinblick auf die zunehmende Digitalisierung kennen.

Im Rahmen dieser Arbeit wird zuerst der theoretische Hintergrund einer M&A Transaktion näher erläutert. Eine nicht unerhebliche Rolle nehmen in diesem Zusammenhang die IT-Due Diligence sowie die gesetzlichen Anforderungen ein. Dies ist darauf zurückzuführen, dass heutzutage die Buchführung fast nur noch EDV-gestützt funktioniert und deshalb der IT vor allem rechtliche Hürden gestellt wird. Der Fokus wird hierbei stets im Mittelstand liegen und die IT im Mittelstand näher untersucht, da vor allem diese stark von Unternehmenskäufen betroffen ist. Aufgrund hoher Investitionen auf dem deutschen und europäischen Markt seitens China erfolgt eine nähere Untersuchung dieser Investitionen. Die größten M&A-

---

[5] Kay, R. *et al.* (2018), S. 23.
[6] Duden (2019): *„Als Erfolgsfaktor wird ein Umstand oder ein Faktor definiert der maßgeblich zum Erfolg beiträgt."*

Deals chinesischer Firmen in Europa ergeben in Summe einen Transaktionswert von 100 Milliarden Euro.[7]

Dies entspricht nach eigener Berechnung circa 7,38 Prozent des Gesamtvolumens der M&A-Deals in Westeuropa von 2013 bis 2018.[8] Anschließend wird anhand einer Post-Merger Fallstudie die Überleitung der Theorie zur Praxis hergestellt. Auf Basis dieser werden die gewonnenen Erkenntnisse aus der Theorie gestützt. Hierbei wird der Schwerpunkt stets bei der Datenmigration liegen. Abschließend werden die Ergebnisse dieser Arbeit zusammengefasst und ein Ausblick für KMU's im Hinblick auf die zunehmende Digitalisierung gegeben.

---

[7] Vgl. Dealogic (2019).
[8] Vgl. Zephyr, B.v.D. (2019); Vgl. Oanda (2018), siehe für die genaue Berechnung Abb. 20.

2 IT-Grundlagen im M&A-Prozess

Der zweite Abschnitt dieser Arbeit bildet die Basis für die folgenden zwei Kapitel. Hierbei werden die Grundlagen der IT und des Gebiets der M&A Transaktionen näher erläutert.

2.1 Informationstechnologie und verwandte Begriffe im betrieblichen Kontext

Zunächst einmal sollten die Begriffe Informationstechnologie und Informationstechnik voneinander abgegrenzt werden. Die Informationstechnologie wird nach Helmut Krcmar definiert als die *„Gesamtheit der zur Speicherung, Verarbeitung und Kommunikation zur Verfügung stehenden Ressourcen sowie die Art und Weise, wie diese Ressourcen organisiert sind"*.[9] Um Informationen zu verschicken, brauchen wir Informationstechnologien. Diese wiederum benötigen eine Kommunikationstechnik, womit die Codierung der versendeten und Decodierung[10] der empfangenen Informationen stattfindet.[11] Hierbei wird durch die Natur der Information selbst die Grenzen der Informationstechnologie gesetzt.[12]

Informationstechnik hingegen beschreibt die Technik, die für die automatisierte Verarbeitung der Informationen durch die Informationstechnologien notwendig ist. Unter Technik wird hier eine konkrete Anwendung einer Technologie verstanden.[13] Somit ist die Informationstechnologie der weitere Begriff von beiden.

Im Folgenden wird es notwendig die Begriffe Informationssysteme und Informationsarchitekturen näher zu erläutern. Die Informationssysteme setzen hierbei auf der Informationstechnik auf.[14] Alexander Teubner definiert hierbei Informationssysteme als sogenannte *„Mensch-Aufgabe-Technik-Systeme"*. Hierunter wird verstanden, dass ein Anwender und dessen fachliche Aufgabe mit der unterstützenden Informationstechnik zu einem System kombiniert wird. In Unternehmen ist es

---

[9] Krcmar, H. (2005), S. 495.
[10] Rose, M. (2019): *„Bei Computern ist das Codieren der Prozess des Übersetzens einer bestimmten Zeichenfolge (Buchstaben, Ziffern, Satzzeichen oder Symbole) in ein spezielles Format, damit diese effizienter übertragen oder gespeichert werden kann. Das Decodieren ist der entsprechende Gegenprozess, die Umwandlung eines codierten Formats zurück in die ursprüngliche Zeichenfolge."*
[11] Vgl. Picot, A. / Reichwald, R. / Wigand, R.T. (2001), S. 64 – 65.
[12] Vgl. Krcmar, H. (2003), S. 20-22.
[13] Vgl. ebd., S. 27-28, sowie Heinrich, Lutz J. (2002), S. 151.
[14] Vgl. Teubner, A. (1997), S. 20.

häufig so, dass fachliche Aufgaben in den betrieblichen Funktionen zu erfüllen sind. Diese werden jeweils in einem System zusammengefasst,[15] weshalb eine übergeordnete Struktur sinnvoll erscheint.

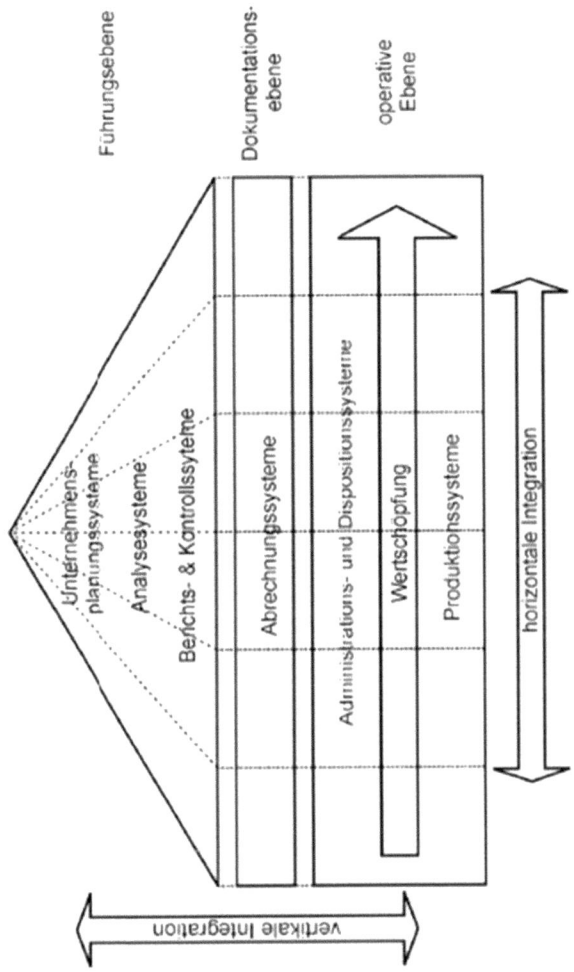

Abb. 2: Allgemeines Grundmodell einer Informationsarchitektur[16]

---

[15] Vgl. Geier (1999), S. 75-76.
[16] Teubner, A. (1997), S. 63.

Die sogenannten Informationsarchitekturen dienen aus diesem Grund zur Erfassung und Einordnung von verbundenen Informationssystemen. Verbunden bzw. integriert sind diese Informationssysteme schon deshalb, weil sowohl funktional getrennte betriebliche Systeme entlang der Wertschöpfungskette (horizontal), als auch darauf aufbauend operative und Planungs-, Analyse-, Berichts-, Kontroll- sowie Abrechnungssysteme (vertikal) miteinander zu verbinden sind.[17] Zu unterscheiden ist hierbei die horizontale Integration und vertikale Integration. Ersteres ermöglicht z.B. eine fortlaufende und damit prozessorientierte Koordination der einzelnen wertschöpfenden betrieblichen Aufgaben.[18]

Die vertikale Integration dient der weiteren Abstimmung dieser Aktivitäten und verdichtet die horizontalen Daten. Je weiter oben diese in der Unternehmenshierarchie sind, desto höher ist der Verdichtungsgrad.[19]

2.2 M&A als Anlass für eine IT-Integration

Eine Übernahme oder Fusion kann als externer Faktor für eine IT-Integration gesehen werden, da naturgemäß solche Transaktionen ohne eine IT-Integration gar nicht realisiert werden können. Dass eine Übernahme oder Fusion nicht immer den gewünschten Effekt bringt, zeigt die repräsentative Studie der Boston Consulting Group Inc. wonach 3200 Transaktionen im Zeitraum von 1992-2006 untersucht wurden. In 58 Prozent der Fälle führte dies zu einer Reduzierung des Börsenwertes.[20] Neben überhöhten Kaufpreisen und mangelhaften Akquisitionsstrategien gilt eine schlecht durchgeführte Integrationsphase als Hauptgrund für das Scheitern. Die IT-Integration im Zuge einer M&A scheint somit als notwendig, damit der angestrebte Synergieeffekt realisiert werden kann.[21]

2.2.1 Begriffsinhalt Mergers & Acquisitions

Die Begriffe Mergers & Acquisitions bedeuten wörtlich übersetzt: Unternehmenszusammenschlüsse und Unternehmenskäufe. Hierbei geht es hauptsächlich um die Zusammenführung von mindestens zwei Unternehmen, wobei ein Unternehmen sich sowohl rechtlich als auch wirtschaftlich von ihrer Selbstständigkeit lösen

---

[17] Vgl. Scheer, A.-W. (1998), S. 4-6.
[18] Vgl. Teubner, A. (1997), S. 63, 67.
[19] Vgl. Menke, J.-P. (2008), S. 135.
[20] Vgl. Guggenberger, J.M. (2010), S. 22.
[21] Vgl. Schwarze, L. / Röscheisen, F / Mengue, C. (2007), S. 59.

muss.[22] Eine einheitliche Definition des Begriffs M&A konnte sich bis heute in der Literatur nicht durchsetzen, weshalb hier je nach Bindungsgrad bzw. Integrationsgrad unterschieden wird.

Unternehmenszusammenschlüsse können in zwei Kategorien aufgeteilt werden. Auf der einen Seite gibt es Unternehmenszusammenschlüsse im engeren Sinne und auf der anderen Seite Unternehmenszusammenschlüsse im weiteren Sinne.

Zu letzterem gehören auch sogenannte Unternehmenskooperationen.[23] Darunter wird eine freiwillige Zusammenarbeit verstanden, bei denen die Unternehmen ihre wirtschaftliche und rechtliche Selbstständigkeit behalten. Da diese Art von Unternehmenszusammenschlüssen zu keiner rechtlichen und wirtschaftlichen Vereinheitlichung führen, haben diese im Rahmen dieser Arbeit eine eher untergeordnete Rolle. Unternehmenszusammenschlüsse im engeren Sinne sind solche, die eine rechtliche und wirtschaftliche Vereinheitlichung mit sich bringen. Hierbei werden grundsätzlich zwei Grundformen differenziert: Die Konzernierung (Akquisition) und die Fusion (Merger).[24]

Die Konzernierung tritt in zwei Varianten auf, einmal als Asset Deal und einmal als Share Deal. Bei einem Asset Deal handelt es sich um einen Vermögenserwerb, bei dem der Käufer Wirtschaftsgüter in das Betriebsvermögen übernimmt. Ein Share Deal hingegen stellt einen Beteiligungserwerb dar, bei dem der Käufer mehrheitliche Gesellschaftsanteile übernimmt.[25] Die Fusion hat hierbei die höchste Bindungsintensität. Auch hier unterscheidet man zwei Ausprägungsarten voneinander. Bei der Fusion durch Aufnahme übernimmt der Käufer das gesamte Vermögen inklusive Verbindlichkeiten. Bei der Fusion durch Neugründung hingegen gehen die beteiligten Unternehmen in einer neu gegründeten Gesellschaft auf und das Vermögen der sich vereinigenden Unternehmen geht in die neue Gesellschaft über.[26]

---

[22] Vgl. Achleitner, A.-K. / Wecker, R. / Wirtz, B.W. (2004), S. 480-481.
[23] Vgl. Guggenberger, J.M. (2010), S. 23.
[24] Vgl. Wirtz, B.W. (2003), S. 13-15.
[25] Vgl. ebd., S. 16.
[26] Vgl. Vogel, D.H. (2002), S. 12.

2.2.2 Wesentliche Treiber der Marktentwicklungen

Auf dem M&A Markt agieren verschiedene Akteure, sowohl miteinander als auch gegeneinander. Zum einen sind es Unternehmen, die an solchen Transaktionen beteiligt sind und Manager, die um Kontrollrechte für Unternehmensressourcen konkurrieren. Zum anderen weitere Akteure wie Beratungsunternehmen, Wirtschaftsprüfer und Anwaltssozietäten, aber auch Private Equity- Investoren.[27] Der M&A Markt verhält sich von seiner Natur her zyklisch. Die Stimmung an der Börse spielt hierbei eine zentrale Rolle. Daraus lässt sich ableiten, dass das (angekündigte) Transaktionsvolumen in den letzten zwei Jahrzehnten sehr eng mit der Entwicklung der großen Börsenindices korreliert. Dies wird insbesondere an folgender Abb. deutlich:

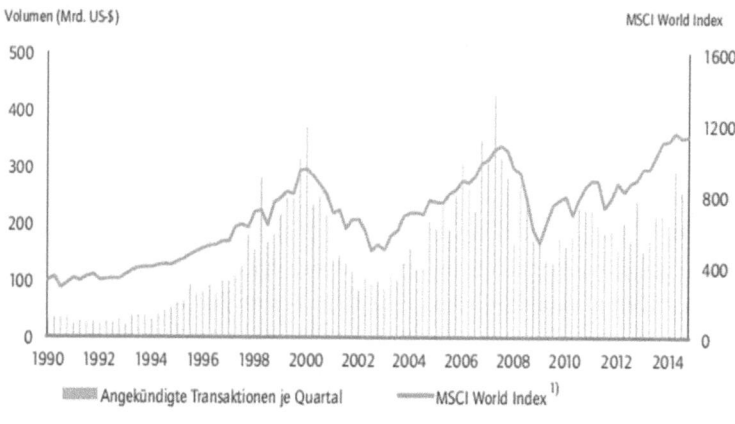

Abb. 3: Angekündigte weltweite M&A Transaktionen vs. MSCI World Index von 1990 bis 2014[28]

Wie man der Abb. 3 entnehmen kann, verhalten sich die angekündigten Transaktionen je Quartal zyklisch zum Morgan Stanley Capital International (MSCI) World Index.

---

[27] Vgl. Achleitner, A.-K. (2019): Hierbei geht es um Investoren die Unternehmensanteile für einen begrenzten Zeitraum erwerben, um hieraus eine finanzielle Rendite zu erwirtschaften.
[28] Stewens, G.M. / Kunisch, S. / Binder, A. (2016), S. 53.

"Der MSCI World Index, der Teil der Modern Index Strategy ist, ist ein breiter globaler Aktienindex, der die Performance von Large- und Mid-Cap-Aktien[29] in 23 Industrieländern darstellt. Es deckt ungefähr 85% der an den Streubesitz angepassten Marktkapitalisierung in jedem Land ab, und der MSCI World Index bietet kein Engagement in Schwellenmärkten."[30]

Die M&A-Deals sind durch ihre hohen Transaktionsvolumen gekennzeichnet.

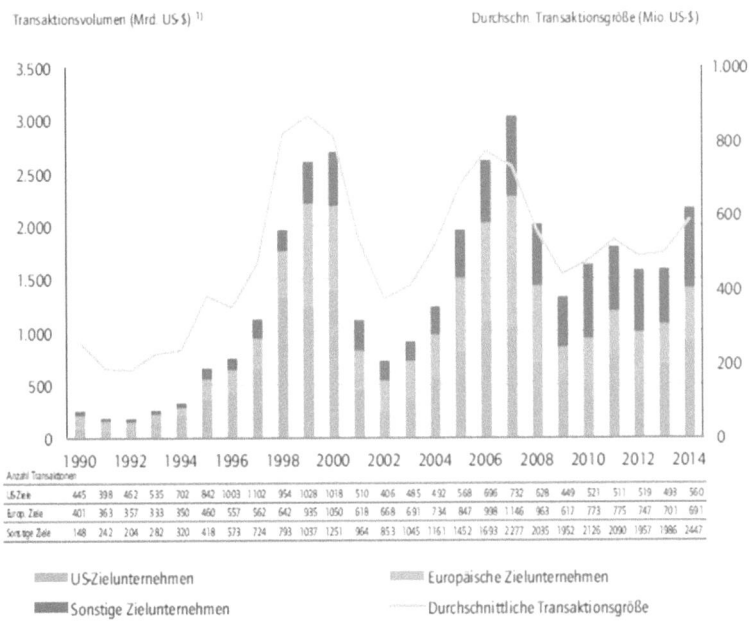

Abb. 4: Weltweite M&A Aktivitäten nach Regionen von 1990 bis 2014[31]

---

[29] Volmer, M. (2011): „Zu den Large-Cap-Aktien, also den Unternehmen mit dem höchsten Börsenwert, zählen solche mit einer Marktkapitalisierung von zwei Milliarden Euro und mehr. Als Mid Caps gelten Unternehmen mit einem Börsenwert zwischen 500 Millionen und zwei Milliarden Euro, während die Small Caps eine Marktkapitalisierung unter einer halben Milliarde Euro aufweisen. In Deutschland gibt es mit den Börsenindizes Dax, MDax und SDax jeweils ein Segment für Large, Mid und Small Caps, wobei die Abgrenzung jedoch nicht genau entlang der genannten Euro-Beträge verläuft."

[30] Morgan Stanley Capital International (MSCI) (2019).

[31] Stewens, G.M. / Kunisch, S. / Binder, A. (2016), S. 55.

Zu sehen ist, dass im Spitzenjahr 2000 der Anteil amerikanischer Zielunternehmen am globalen M&A-Volumen bei circa 51 Prozent lag und dieser bei der darauffolgenden Spitze im Jahr 2007 auf nur rund 36 Prozent sank.

Die oben erwähnte Bedeutung Europas für den globalen M&A Markt wird auch daran deutlich, dass die drei weltweit größten Transaktionen nach 2000, Konsortialerwerb ABN Amro, Royal Dutch/Shell, Gaz de France/Suez allesamt europäische Branchenkonsolidierungen darstellten.[32]

Als wesentliche Treiber für die Marktaktivitäten können folgende drei festgehalten werden:

- Feindliche Übernahmen: Eine Übernahme ist dann als feindlich zu bezeichnen, wenn die übernehmende Partei (meistens Konkurrenten) dies mit der Absicht vornimmt, um seine Marktmacht weiter auszubauen. Solche Transaktionen sind kurzfristig betrachtet eher non-monetär ausgerichtet. Langfristig gesehen wird sich dies aufgrund der Marktstellung auch monetär auf die übernehmende Partei auswirken. Diese Art von Übernahmeversuchen machen circa 10 Prozent aller angekündigten Transaktionen aus und spielen damit keine unerhebliche Rolle.

- Finanzinvestoren: Neben feindlichen Übernahmen treten auch die Finanzinvestoren als Treiber für die Aktivitäten auf dem M&A Markt auf. Das Transaktionsvolumen in diesem Segment erreichte in den Jahren 2006 und 2007 ein Rekordvolumen. In der Spitze machten die Käufe von Finanzinvestoren fast 23 Prozent am Gesamtvolumen des globalen M&A Marktes aus.[33] Dies wurde durch sogenannte Leveraged Buyout (LBO)-Finanzierungen ermöglicht. „Bei einer LBO-Finanzierung, handelt es sich um einen kreditfinanzierten Kauf eines Unternehmens, bei dem die Kreditmittel v.a. aus dem zukünftigen Cashflow des Zielunternehmens zurückgeführt werden sollen". [34]

- Staatsfonds: Relativ neu auf dem M&A Gebiet sind die Staatsfonds Sovereign Wealth Funds (SWF) als eine besondere Form der Finanzinvestition.

---

[32] Vgl. Stewens, G.M. / Kunisch, S. / Binder, A. (2016), S. 54-55.
[33] Vgl. ebd., S. 58-60.
[34] Breuer, W. (2019).

Hierbei geht es um regierungsnahe bzw. in staatsbesitzbefindliche Kapitalsammelstellen. Vor allem seit 2005 gewinnen diese immer mehr an Bedeutung.

Im Fokus stehen hierbei Beteiligungen sowohl aus dem arabischen als auch aus dem asiatischen Raum. Die Beteiligungen von der Abu Dhabi Investment Authority (ADIA) an Citigroup, Mubadala an General Electric, Aabar an Daimler und der Qatar Investment Authority (QIA) an Barclays, Sainsbury und Volkswagen sind nur ein paar von vielen.

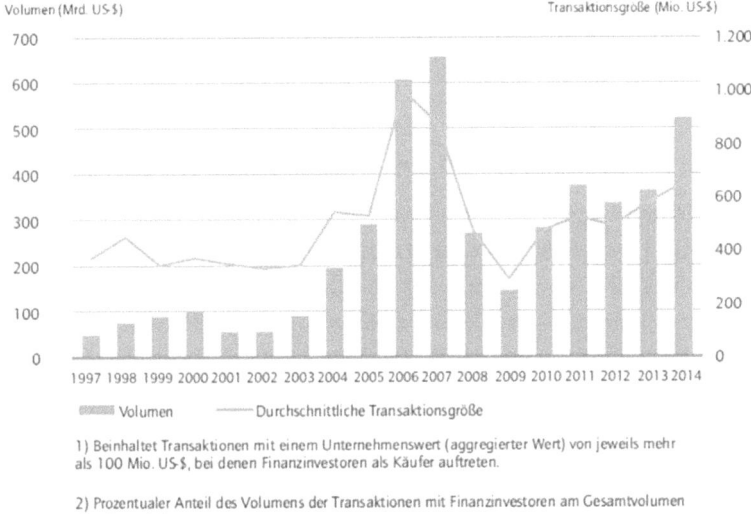

1) Beinhaltet Transaktionen mit einem Unternehmenswert (aggregierter Wert) von jeweils mehr als 100 Mio. US-$, bei denen Finanzinvestoren als Käufer auftreten.

2) Prozentualer Anteil des Volumens der Transaktionen mit Finanzinvestoren am Gesamtvolumen aller Transaktionen.

Abb. 5: Weltweite M&A Transaktionen mit Finanzinvestoren als Käufer von 1997 bis 2014[35]

Die oben dargestellte Grafik zeigt den prozentualen Anteil des Volumens der Transaktionen mit Finanzinvestoren am Gesamtvolumen aller Transaktionen. Wie in der Grafik zu sehen ist, haben Finanzinvestitionen seit 2005 einen wichtigen Anteil am Gesamtvolumen aller M&A Transaktionen und gehören zu den wichtigsten Treibern der Aktivitäten auf dem Markt für Unternehmensübernahmen.

---

[35] Stewens, G.M. / Kunisch, S. / Binder, A. (2016), S. 61.

2.2.3 Der M&A Prozess

Ein M&A Prozess kann in drei Phasen unterteilt werden. Die Pre-Merger-Phase, Merger-Phase und Post-Merger-Phase. Bei der Pre-Merger-Phase werden die Aktivitäten vorgenommen, die vorbereitenden Charakter auf eine Transaktion haben. Hierzu zählt unter anderem, neben der Definition eines Kandidatenprofils und der Ermittlung der jeweiligen Synergiepotenziale, eine strukturierte Due-Diligence. Die sogenannte Merger-Phase hingegen hat die Vertragsverhandlungen und den Vertragsabschluss zum Gegenstand. Die Post-Merger-Phase beschäftigt sich vor allem mit der Integration der beteiligten Unternehmen und optimalerweise der Realisierung der Synergiepotenziale.[36] Diese Phase wird auch in den nachfolgenden Kapiteln dieser Arbeit eine zentrale Rolle spielen.

2.3 Die Bedeutung der IT auf die Integrationsphase

Bei der Integrationsphase kommt der IT eine bedeutende Rolle zu. Denn bis zu 60 Prozent der zu erzielenden Gesamtsynergien hängen von der IT ab. Nicht zuletzt spielt die IT auch eine wichtige Rolle bei der Aufrechterhaltung des Geschäftsablaufs eines Unternehmens. Die Geschäftsprozesse eines Unternehmens sind heutzutage stark abhängig von der IT. Als einfaches Beispiel kann hierbei die E-Mail-Kommunikation betrachtet werden. Ein Ausfall der Systeme hätte hierbei erhebliche Folgen auf das Unternehmen. Auf Telekommunikationsunternehmen hingegen könnte sich so ein Vorfall sogar geschäftsschädigend auswirken. Auch wenn die Integration der IT im Rahmen von M&A Transaktionen ziemlich kostenintensiv ist und das IT-Budget üblicherweise im Rahmen der Integrationsplanung und -ausführung circa 30 Prozent des gesamten Integrationsbudgets ausmacht, erscheint es aufgrund der erreichten Synergien notwendig zu sein.[37]

Laut einer Studie der Wirtschaftsprüfungsgesellschaft Ernst & Young (EY) ist neben dem Deal Management und dem Corporate Development Prozess der Integrationsprozess einer der drei häufigsten Ursachen für gescheiterte Transaktionen.

---

[36] Vgl. Guggenberger, J.M. (2010), S. 26.
[37] Vgl. Kuckertz, A. / Middelberg, N. (2016), S. 283-284.

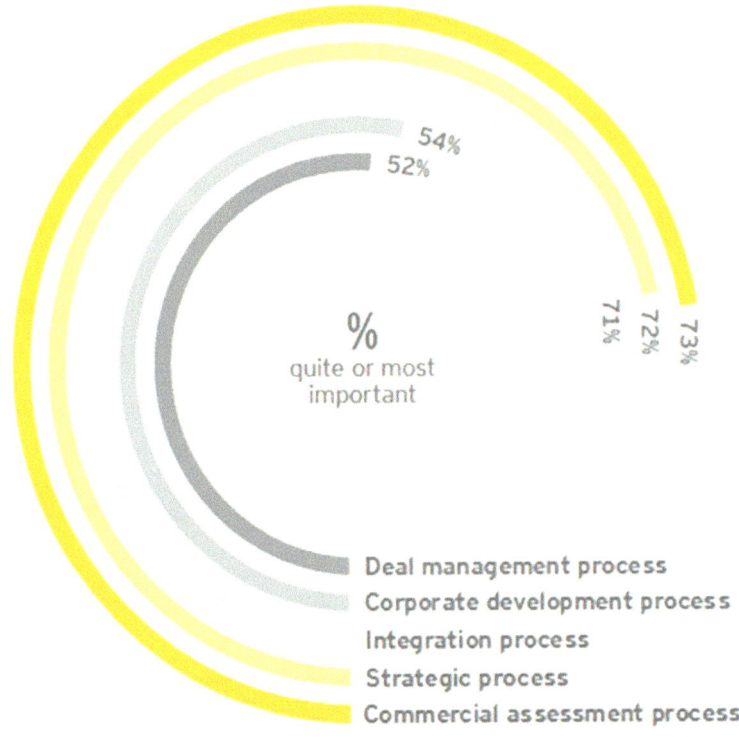

Abb. 6: Ursachen für gescheiterte Transaktionen[38]

Folgende Schwachstellen die im Fokus der IT stehen können die Integration erschweren und den Komplexitätsgrad erhöhen: Unvollständige Übersicht zu Lizenzen und Verträgen und deren Leistungsspektrum, eine dezentrale und heterogene IT-Infrastruktur und IT-Applikationslandschaft (ERP/Nicht-ERP)[39], Harmonisierung der Infrastruktur und Applikationslandschaft und eine fehlende IT Sourcing-Strategie.[40] Im Ergebnis können unter anderem diese Schwachstellen dazu führen, dass IT M&A Projekte scheitern. Sinnvoll erscheint es daher zumindest diese und weitere Schwachstellen frühzeitig in die Integration einzubinden.

---

[38] Ernst & Young (2015), S. 7.
[39] SAP (2019): „Enterprise Resource Planning (ERP) umspannt alle Kernprozesse, die zur Führung eines Unternehmens notwendig sind: Finanzen, Personalwesen, Fertigung, Logistik, Services, Beschaffung und andere. Bereits einfaches, herkömmliches ERP integriert all diese Prozesse zu einem einzigen System."
[40] Vgl. Schaaf, S. / Kowoll, M. (2016), S. 284.

3 Durchführung der IT-Integration und Besonderheiten im Mittelstand

Nachdem im zweiten Kapitel die Grundlage sowie die besondere Rolle der IT in M&A Transaktionen aufgezeigt wurde, soll nun auf die Vorgehensweise bei der Durchführung einer IT-Integration näher eingegangen werden.

3.1 Ziele der IT-Integration

Eine IT-Integration kann verschiedene Ziele und Motive haben. Übergeordnet gilt es im Zuge einer IT-Integration Wachstumspotenziale zu erschließen und die eigene Stellung/Position auf dem Markt zu stärken. Im Rahmen des Veränderungsprozesses sollte die IT dazu beitragen, dass die Wirtschaftlichkeit des Unternehmens verbessert wird. Dies kann zum einen dadurch geschehen, dass der Umsatz durch das Erschließen neuer Geschäftsfelder gesteigert wird (externer Gewinnsteigerungspotenzial) oder Synergieeffekte durch eine effizientere Unternehmensorganisation realisiert werden (interner Gewinnsteigerungspotenzial).[41]

Die drei wichtigsten Gründe deutscher Unternehmen für eine IT-Integration sind hierbei folgende:

- „- Die Vereinfachung der Geschäftsprozesse,
- ein schnelles Reagieren auf veränderte Geschäftsbedingungen und
- die Senkung der Kosten für die IT-Landschaft."[42]

Hierbei werden die einzelnen Ziele in den Integrationsprojekten unterschiedlich gewichtet und um individuelle Unternehmensziele ergänzt. Wichtig ist hierbei, dass die Ziele vor der eigentlichen Zusammenführung der Unternehmen bzw. der IT definiert werden.

Im Endeffekt kann man von einer erfolgreichen IT-Integration ausgehen, wenn sowohl die spezifischen als auch übergeordneten Ziele des Unternehmens erreicht werden.[43]

---

[41] Vgl. Baumöl, U. (2003), S. 249.
[42] Guggenberger, A. (2010), S. 51.
[43] Vgl. Achleitner, A.-K. / Wecker, R. / Wirtz, B.W. (2004), S. 1506.

3.2 Grundlage und Planung der IT-Due Diligence

Eine Due Diligence (sinngemäß übersetzt: „im Verkehr gebotene Sorgfalt") stellt die Prüfungsphase bei Unternehmenskäufen und Fusionen dar. Hierbei werden mögliche Stärken, Schwächen und Risiken des Zielunternehmens näher analysiert. Folgende Fragen können sich im Rahmen einer Due Diligence ergeben:

- Welchen Wert haben die Unternehmensbestandteile?
- Wie ist die Ertragslage?
- Welche rechtlichen Risiken bestehen?
- Verfügt das Unterhemen über alle nötigen Lizenzen?
- Hängt der Betrieb der IT-Infrastruktur von den individuellen Fähigkeiten bestimmter Mitarbeiter oder von den Leistungen Dritter ab?
- Lässt sich die zu erwerbende IT-Infrastruktur problemlos in eine evtl. schon vorhandene IT-Infrastruktur integrieren?

Due-Diligence Prüfungen können je nach Gegenstand differenziert werden. Einige davon sind z.B.: Die Strategic Due Diligence, Financial Due Diligence, Tax Due Diligence, Legal Due Diligence, Market Due Diligence, Human Resources Due Diligence, Cultural Due Diligence oder die Commercial Due Diligence. Eine IT-Due Diligence beschäftigt sich also mit der spezifischen Prüfung von möglichen Chancen und Risiken in Bezug auf die IT des Zielunternehmens. Zu berücksichtigen sind hierbei die Grundsätze ordnungsmäßiger Due Diligence (GoDD) nach Strauch.[44]

Diese dienen der Strukturierung einer Due Diligence.[45] Eine wesentliche Funktion ist nach Strauch die „Schutzfunktion für die beteiligten Parteien und das Unternehmen an sich".

---

[44] Vgl. Strauch, J. (2004), S. 100-102.
[45] Vgl. Strauch, J. (2004), S. 100-102

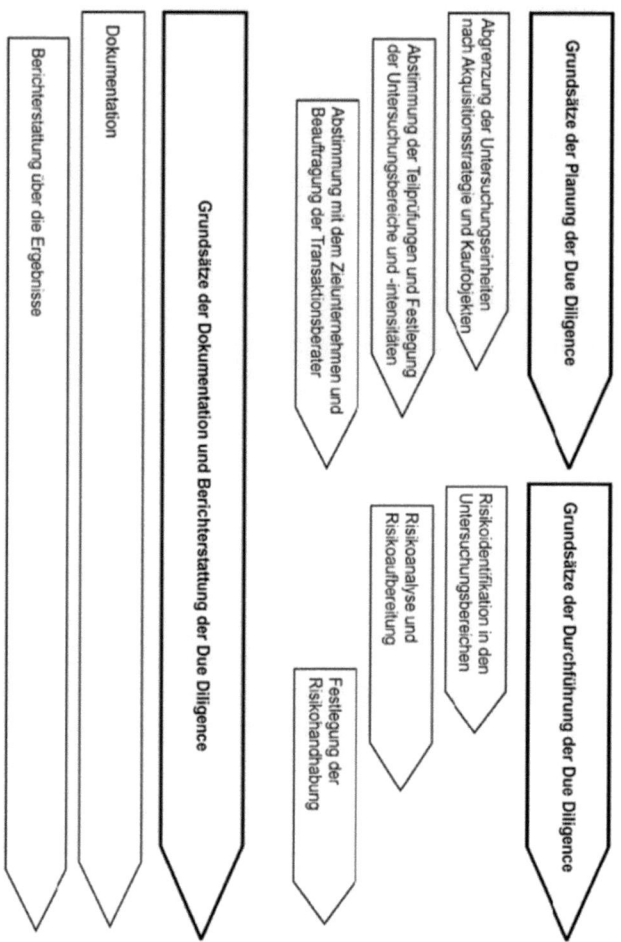

Abb. 7: Grundsätze ordnungsmäßiger Due Diligence[46]

Ein wesentlicher Bestandteil der Planungsphase einer IT-Due Diligence ist zum einen die Festlegung der Prüfungstiefe / Prüfungsintensität und zum anderen die Abstimmung mit dem Zielunternehmen.

Bei der Festlegung der Prüfungstiefe und Prüfungsintensität sollte man im ersten Schritt die einzelnen Untersuchungsobjekte abgrenzen. Aus den abgegrenzten Kaufobjekten ergibt sich in welchem Umfang überhaupt eine interne IT-Abteilung

---

[46] Ebd., S. 109-111.; Berens/Strauch/Menke (2007), S. 822-824.

erworben wird oder Leistungen in Form von Verträgen ausgelagert sind. Insbesondere bei ausgelagerten Leistungen werden rechtliche Fragestellungen gegenüber organisatorischen relevanter. Bei der Bestimmung der Prüfungsintensität sollten nur solche Randprüfungen ausgeschlossen werden, die im Hinblick auf die Art der Geschäftstätigkeit, die Branche und Größe des Unternehmens offenbar nicht sinnvoll sind.

Vielfach wird festgestellt, dass moderne Unternehmen ohne Informationstechnologie kaum mehr vorstellbar sind. Darum sollte die IT-Due Diligence als eine eigenständige Teilprüfung einer Due Diligence zu planen und durchzuführen sein. Grundsätzlich ist der Zeitraum für eine IT-Due Diligence auf circa 30-90 Tage begrenzt. Daher wäre es sinnvoll neben der Zusammenlegung und Parallelisierung von Prüfungsgebieten die Analyse kennzahlengestützt auf wesentliche Aspekte zu beschränken. Folgende Aspekte wären dabei denkbar: Kostenintensive Informationsinfrastrukturen, IV-Kernprozesse bzw. die Unterstützung von betrieblichen Kernprozessen.

Abschließend würde dann die Planung für alle Vertragsparteien (Transaktionspartner und externe Berater) im Rahmen eines „Letter of Intent" (LoI)[47] festgehalten werden. Die Informationen, die für die Abstimmung mit dem Zielunternehmen notwendig sind, werden nach zwei Arten von Quellen unterschieden. Zum einen sind es Quellen mit externer Herkunft und zum anderen Quellen mit interner Herkunft. Externe Quellen können z.B. sein: Erkenntnisse von Analysten, Verbänden oder Artikeln in der Fachliteratur (Zeitschriften und Zeitungen), Informationen von Geschäftspartnern bezüglich der Zusammenarbeit und bestehender Anbindung über die IT. Interne Quellen hingegen sind vor allem Informationen die eigens für die Zwecke der Due Diligence vom Verkäufer bereitgestellt werden.

Hilfreich wären hierzu frühzeitig vom Interessenten gestellte Anforderungslisten. Diese sollten aus Effizienzgründen gemeinsam im Vorfeld abgestimmt werden. Um die personelle, politische und kulturelle Dimension der Informationsverarbeitung besser beurteilen zu können sind auch Gespräche (mit leitenden Angestellten) notwendig.[48]

---

[47] Vgl. Oettinger, R. (2009): Beim sogenannten „Letter of Intent (LoI)" wird üblicherweise das Ergebnis der bisherigen Verhandlungen und die weitere Vorgehensweise schriftlich fixiert. Diese einseitige Erklärung ist grundsätzlich für beide Parteien nicht bindend.
[48] Vgl. Menke, J.-P. (2008), S. 171-181.

Ebenso sinnvoll und notwendig ist die Besichtigung vor Ort beim Zielunternehmen. Somit soll gewährleistet werden, dass die Mitarbeiter wirklich in die Informationssysteme integriert sind.[49]

Da diese Arbeit sich im Kern mit der Integrationsphase von M&A Transaktionen beschäftigt, wird auf eine nähere Untersuchung der IT-Due Diligence verzichtet.

3.3 Integrationsmethoden

Im Wesentlichen werden vier Methoden im Rahmen einer IT-Integration voneinander differenziert: Die Absorptionsmethode, Cherry-Picking-Methode, Koexistenz-Methode und Greenfield-Methode.

Bei der Absorptionsmethode wird nur die IT-Systemlandschaft eines Partners ausgewählt und diese als Zielsystemlandschaft definiert. Hierbei wird im Zuge der Integration die eine IT-Landschaft vollständig von der anderen ersetzt. Am Ende werden die von der Migration betroffenen Anwendungssysteme, die nicht zur Zielsystemlandschaft gehören abgeschaltet. Folglich muss sich bei dieser Methode nur eine Partei mit einer neuen IT-Landschaft vertraut machen, welches zu einer höheren Integrationsgeschwindigkeit, niedrigeren Integrationskosten und einem geringeren Projektrisiko führt.[50] Ein evtl. Nachteil dieser Vorgehensweise könnte sein, dass die Mitarbeiter welche Ihre bisherige IT-Landschaft aufgeben unzufrieden mit der Zielsystemlandschaft sind, da dieser nicht deren Erwartungen oder Anforderungen entspricht.

Bei der Cherry-Picking-Methode wird jeweils die beste Einzellösung, welche den Anforderungen am besten passt, ausgesucht. Im Gegensatz zur Absorptionsmethode wird hierbei nicht die Anwendungslandschaft einer Partei vollkommen aufgegeben. Stattdessen wird eine Zusammensetzung aus bestehenden Anwendungen vorgenommen.[51]

Dadurch, dass diese Methode beide Parteien in den Auswahlprozess einbindet, werden die Anforderungen beider Integrationsparteien berücksichtigt. Dies führt im Ergebnis dazu, dass die Akzeptanz der Zielsystemlandschaft steigt.

---

[49] Vgl. Menke, J.-P. (2008), S. 171-181.
[50] Vgl. Müller, R. (2000), S. 73.
[51] Vgl. Kromer, G. / Stucky, W. (2002), S. 528.

Vor allem, wenn die Anzahl der zu integrierenden Anwendungen ziemlich geringgehalten wird, kann diese Methode nützlich sein. Je größer aber diese Anzahl ist, desto schwieriger wird es sein diese Methode anzuwenden. Dies ist insbesondere auf den erhöhten Koordinations- und Schnittstellenaufwand zurückzuführen.[52] Folglich verursacht diese Integrationsmethode im Vergleich zur Absorptionsmethode höhere Kosten und führt vergleichsweise zu einer geringeren Integrationsgeschwindigkeit.

Bei der sogenannten Koexistenz-Methode werden im Gegensatz zu den beiden anderen oben aufgeführten Methoden die IT-Systemlandschaften beider Parteien weitgehend erhalten und weiterbetrieben. Hierbei kann man wieder zwischen der reinen Erhaltung der IT-Landschaften oder einer Integration mit nur geringem Datenaustausch über vereinzelte Schnittstelle unterscheiden.[53] Auch wenn sich diese Methode schnell und einfach anwenden lässt, kann man nur im geringen Maße von Synergieeffekten ausgehen. Lediglich eine Zusammenlegung der IT-Services oder die Konsolidierung von IT-Beschaffung könnten zu einem Synergieeffekt führen.[54]

Bei der Greenfield-Methode wird die komplette IT-Landschaft beider Parteien aufgegeben und eine vollkommen neue Zielsystemlandschaft durch Anschaffung von Standardlösungen oder die Neuentwicklung von Individuallösungen erstellt. Somit wäre die Ist-Analyse der IT-Landschaft nicht mehr notwendig und der Erwerber könnte sich direkt an die Soll-Konzeption orientieren.[55] Diese Methode bietet den Vorteil, dass eine völlig neue Systemlandschaft aufgebaut wird und somit die Anforderungen beider Parteien berücksichtigt werden können. Dies führt zu einer hohen Akzeptanz der Ziellandschaft und Probleme wie bei der Cherry-Picking-Methode wären somit eher unwahrscheinlich.

Trotzdem wäre diese Methode nur bei Veraltung der bestehenden Systeme sinnvoll, da so eine Neustrukturierung sehr kosten- und zeitaufwendig ist und ein gewisses Risiko im Hinblick auf den Erfolg dieser Neustrukturierung existiert. Aus diesem Grund wird diese Methode verglichen mit den anderen drei Methoden als die riskanteste Methode angesehen.[56]

---

[52] Vgl. Reuß, A. / Fill, C. / Fritsch, W. (1999), S. 27.
[53] Vgl. Kromer, G. (2001), S. 61-64.
[54] Vgl. Giera, J. (2005), S. 2.
[55] Vgl. Komus, A. / Reiter, O. (2000), S. 39.
[56] Vgl. Strahringer, S. / Zdarsky, F. (2003), S. 531.

Neben diesen Methoden wären auch Mischformen wie z.B. die Erweiterung der Absorptionsmethode denkbar. Welche Methode jedoch tatsächlich zur Anwendung kommt, hängt dann immer von der individuellen Strategie und den Zielen der beteiligten Unternehmen ab.

	Absorption	Cherry-Picking	Koexistenz	Greenfield
Integrationsgeschwindigkeit	+	-	+	- -
Integrationskosten-Minimierung	+	-	+ +	- -
Integrationsrisiko-Minimierung	0	-	+	- -
Synergiepotenzial	+	+	- -	0
Technologieinnovation	0	+	-	+ +
Investitionsschutz	0	0	+	- -
Archivierungsaufwand-Minimierung	0	0	+	-

Abb. 8: Gegenüberstellung der vier Integrationsmethoden[57]

Alle vier Methoden wurden anhand der oben beschriebenen Kriterien gegenübergestellt. Ein „+" wurde gesetzt, falls die betroffene Methode das jeweilige Kriterium erfüllt. Im umgekehrten Fall wurde an die zutreffende Stelle ein „-" gesetzt. Falls die Integrationsmethode sich neutral zum jeweiligen Kriterium verhält, wurde diese Stelle mit einem „0" gekennzeichnet.

3.4 Phasen der Integration

Eine IT-Integration lässt sich in vier Hauptphasen unterteilen. Nachfolgend wird eine Erläuterung zu jeder Phase gegeben.

Die Phase der Analyse bildet die Basis für die weitere Vorgehensweise im Rahmen des Post-Merger Managements.[58] Hierbei wird zunächst die IT-Organisation und IT-Systemlandschaft auf den Ist-Zustand hin analysiert. Eine wichtige Rolle spielt in diesem Zusammenhang die Kompatibilität der IT-Strukturen der beteiligten

---

[57] Ebd., S. 534.
[58] Vgl. Wirtz, B. (2003), S. 339.

Parteien, mit dem Ziel ein umfassendes Bild als Entscheidungsgrundlage für die zukünftige Gestaltung der IT-Systeme und Organisation zu erhalten.[59] In die Analyse der IT-Strukturen werden im Wesentlichen die Netzwerktopologie[60] der Anwendungssysteme, der entsprechenden Hardware, der IT-Aufbau- und Ablauforganisation sowie des IT-Personals aufgenommen.[61]

Die Ergebnisse können dann in Form einer tabellarischen Übersicht der Untersuchungsgegenstände, einer graphischen Darstellung oder einer Prozesslandkarte zusammengefasst bzw. veranschaulicht werden. Letzteres dient vor allem der Erklärung der Aufgaben und der Verzahnung der verschiedenen Anwendungssysteme. Noch ein wichtiger Bestandteil der Integrationsphase ist die Analyse der Geschäftsprozesse. Bezüglich der Geschäftsprozesse kommt den Informationssystemen für die Verbesserung und Unterstützung der Wertschöpfung in einem Unternehmen eine erhebliche Rolle zu. Im ersten Schritt werden hierbei die Ist-Prozesse der beteiligten Unternehmen aufgenommen und bewertet. Anschließend sind dann die Soll-Prozesse der kombinierten Organisationen zu gestalten. Aufgrund von hohem Zeit- und Ressourcenaufwand, scheint eine vollständige Analyse der genannten Bereiche ausgeschlossen zu sein. Daher ist es unabdingbar den Detaillierungsgrad der Analyse und die einzubeziehenden Geschäftsprozesse in angemessener Genauigkeit zu bestimmen.[62]

Für die Erhebung der notwendigen Informationen dienen Interviews mit Zuständigen, schriftliche Befragungen und Dokumentenanalysen als Hilfsmethoden.

In der anschließenden Strategie Phase stehen Fragestellungen zur operativen Unterstützung des integrierten Geschäfts, zum Aufbau einer neuen IT-Architektur sowie zur IT-Organisation im Mittelpunkt. Wichtig ist es zunächst das Tagesgeschäft sicherzustellen. Hierfür ist es wichtig zu untersuchen, ob die vorhandenen IT-Systeme die benötigten Funktionalitäten besitzen oder Bedarf für Erweiterung bzw. Ersatz besteht.[63] Die Ausschöpfung der Synergien, Erschaffung von zusätzlicher Wertschöpfung und die Zukunftsfähigkeit der eingesetzten Technologien sollten

---

[59] Vgl. Rentrop, C.E. (2004), S. 113.
[60] Lackes, R. (2019): *„logische Anordnung und Art der Verbindung der Kommunikationspartner in einem Netz."*
[61] Vgl. Rentrop, C.E. (2004), S. 114.
[62] Vgl. Otto, G. (2007), S. 69.
[63] Vgl. Probst, G. / Raub, S. / Romhardt, K. (2003), S. 81.

bei den zukünftigen Überlegungen bezüglich der IT-Struktur beachtet werden.[64] Erwähnenswert ist die Tatsache, dass eine Vereinheitlichung der IT auch eine Vereinheitlichung der mit der IT verknüpften Geschäftsmodelle beinhaltet. Dieser Aspekt führt oftmals zu Diskussionen zwischen den Beteiligten und betroffenen Fachbereichen und dazu, dass die Kosten derart steigen, dass es zwingend wird Synergien bezüglich der IT zu realisieren.[65] Um eine optimale Realisierung von fachseitiger- und IT-bezogener Synergiepotenziale zu gewährleisten, ist es wichtig sich für die richtige Integrationsmethode (siehe Kapitel 3.3) zu entscheiden.

In der letzten Phase geht es um die Umsetzung der IT-Integration. Hierbei sollten die Phasen der Analyse und Strategie sowie die Angemessenheit von Planungstiefe und Ressourcenaufwand in Bezug auf KMU's berücksichtigt werden. Da Enterprise Resource Planning (ERP)-Systeme häufig den Kern der IT-Umgebung eines Unternehmens bilden, scheint es sinnvoll zu sein sich vor allem mit den typischen Schwierigkeiten bei der Einführung solcher Systeme zu beschäftigen. Diese ermittelten Spielmann & Koelwel (2006) für Industrie- und Handelsunternehmen.

---

[64] Vgl. Rentrop, C.E. (2004), S. 137.
[65] Vgl. Kromer, G. (2001), S. 61.

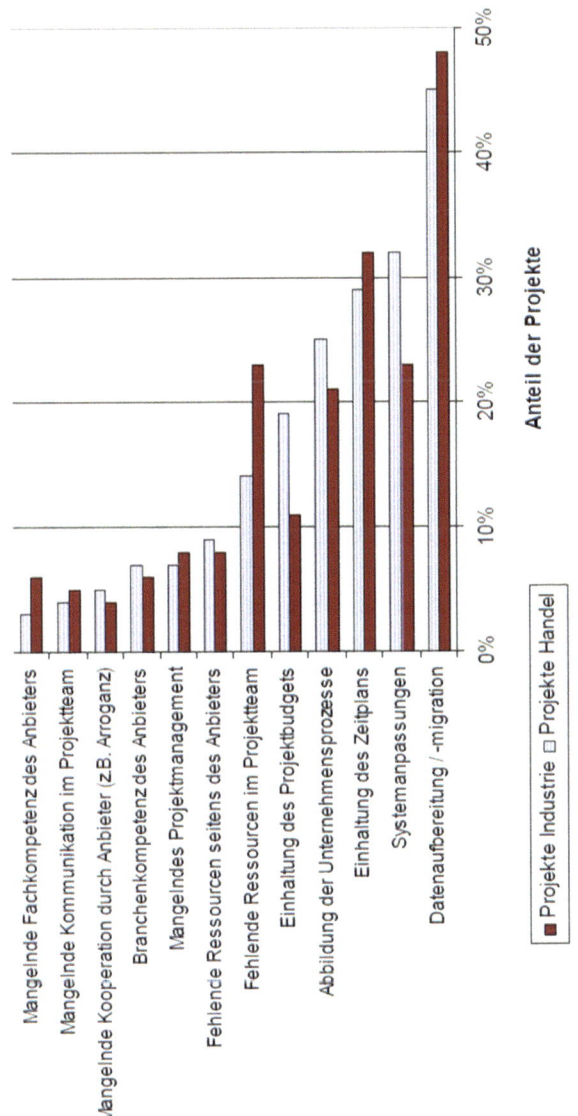

Abb. 9: Schwierigkeiten bei der Einführung von ERP-Systemen[66]

---

[66] Spielmann, P. / Koelwel, D. (2006), S. 13.

Als Ergebnis ist demnach festzuhalten, dass die Thematik der Datenaufbereitung- und migration die größte Schwierigkeit bei der Einführung von ERP-Systemen darstellt. Stammdaten bilden die Basis für jede Unternehmung und gewährleisten die Funktionsfähigkeit der IT-Systeme. Daher ist es von Bedeutung, dass die Planung an vollständige Stammdaten und Stücklisten aufsetzt. Für eine erfolgreiche Migration ist es wichtig, die Zeiten und Kosten frühzeitig so präzise wie möglich zu bestimmen. Hierbei erweist sich vor allem die Bereinigung der Altbestände an Daten als zeitaufwendig. Deshalb ist eine gezielte Beschränkung an künftig benötigten Daten sinnvoll. Eine weitere Schwierigkeit, dass während der Umsetzungsphase auftreten kann, ist der Verlust von Personal im Laufe des Projektes. Dies kann zu Wissens- und Ressourcenverlust führen, welches zum Scheitern der Integration führen kann.[67]

3.5 Gesetzliche Vorgaben in Bezug auf die IT-Integration

Im Allgemeinen ist hierbei zu unterscheiden, ob es sich bei dem jeweiligen Unternehmenszusammenschluss um ein Asset Deal oder Share Deal handelt. Bei einem sogenannten Asset Deal werden sowohl die IT-Verträge als auch die IT-Komponenten durch das Käuferunternehmen erworben. Hierbei wird die Hardware nach §433 ff. BGB übertragen. Vor allem relevant für die IT-Integration ist die Übernahme von Lizenzen bezüglich der Software. Hierbei tritt der Erwerber an die Stelle des Veräußerers, weshalb im Wesentlichen §415 ff. BGB, die die Schuldübernahme zum Gegenstand haben, Anwendung finden. Neben der schuldrechtlichen Sicht ist es von Bedeutung, welche Normen für das Verfügungsgeschäft in Frage kommen. Nach §34 Abs. 1 Satz 1 UrhG benötigt man hierbei die Zustimmung des Urhebers für die Übertragung der Nutzungsrechte, dies gilt jedoch nicht im Rahmen der Gesamtveräußerung eines Unternehmens oder der Veräußerung von Teilen eines Unternehmens. Dennoch kann es sein, dass eine Weitergabebeschränkung oder ein Zustimmungsvorbehalt in den Lizenzverträgen oder in den Allgemeinen Geschäftsbedingungen (AGB) vereinbart wurden.[68]

Bei einem sogenannten Share Deal werden vielmehr Gesellschaftsanteile übertragen. Dabei wird in einem Share Purchase Agreement genau festgelegt, welche Verbindlichkeiten im IT-Bereich der Käufer übernimmt.[69] Je nach individueller

---

[67] Vgl. Deues, M. (2005), S. 3.
[68] Vgl. Guggenberger, J.M. (2010), S. 214-215.
[69] Vgl. Söbbing, T. (2007), S. 170.

Unternehmenssituation können verschiedene gesetzliche und vertragliche Nutzungsrechte relevant sein. Hierbei sind vor allem rechtliche Anforderungen bezüglich der IT-Compliance frühzeitig zu ermitteln und in der Ausgestaltung der IT-Ziellandschaft zu berücksichtigen. *„Als IT-Compliance wird die Einhaltung und Umsetzung rechtlicher Vorgaben bezeichnet, die sich auf den Einsatz von und den Umgang mit IT beziehen."*[70]

Dies zeigt unter anderem eine Befragung, wonach in den USA im Jahr 2005 circa 15,5 Mrd. US Dollar in die Erfüllung von Compliance-Anforderungen investiert wurden.[71] Die IT-Compliance Anforderungen lassen sich in folgende vier Säulen unterteilen: Risikomanagement, IT-Sicherheit, Aufbewahrung und allgemeine gesetzliche Rahmenbedingungen zum rechtskonformen Betrieb der IT-Landschaft. Eine übergeordnete Rolle nehmen hierbei die Anforderungen bezüglich der Aufbewahrung ein.[72]

Im Folgenden wird der Aspekt der Aufbewahrung im Rahmen einer IT-Integration näher erläutert, da solch eine Integration meist mit der Abschaltung von Anwendungssystemen einhergeht und die aufbewahrungspflichtigen Daten vor solch einer Systemabschaltung in das zukünftige Anwendungssystem zu migrieren oder zu archivieren sind. Ziel ist hierbei die Gewährleistung einer gesetzeskonformen Abschaltung der Anwendungssysteme. Aufgrund der zunehmenden Digitalisierung spricht man heutzutage oft von der „elektronischen Archivierung". Dieser Begriff steht für die unveränderbare Aufbewahrung elektronischer Daten über einen langen Zeitraum.[73] Zum einen ist es von Bedeutung, dass die elektronische Archivierung revisionssicher ist, d.h. den handels- und steuerrechtlichen Bestimmungen genügt. Zum anderen spielt es eine wichtige Rolle, dass die elektronische Archivierung rechtskonform ist, d.h. bei der Umsetzung auch alle weiteren IT-Compliance Anforderungen, wie beispielsweise der Datenschutz, berücksichtigt werden. Vorerst gilt es aber zu definieren, was unter elektronischen Daten zu verstehen ist. Diese sind sogenannte Archivierungsobjekte, welche in folgenden drei Erscheinungsformen auftreten können:

---

[70] Nolte, N. / Becker, T. (2008), S. 23.
[71] Vgl. Acker, O. (2006), S. 19.
[72] Vgl. Söbbing, T. (2007) S. 120.
[73] Vgl. Kampffmeyer, U. (2006), S. 455.

- Daten: Diese liegen in strukturiert auswertbarer Form vor.
- Unterlagen: Das sind Informationen oder Dokumente, die z. B. durch Verarbeitung und Aufbereitung betriebswirtschaftlicher und steuernder Daten entstehen oder zur Dokumentation von Systemen oder Abläufen erstellt werden.
- Programme: Darunter wird z. B. betriebswirtschaftliche Anwendungssoftware gefasst, die mit Hilfe steuernder Parameter eine Verarbeitung der Daten ermöglicht.[74]

Auch wenn die zunehmende Digitalisierung die Archivierung im Hinblick auf die physischen Gegebenheiten erleichtert, stellt es die Unternehmen zugleich vor neuen Herausforderungen. Vor allem die Manipulierbarkeit digitaler Unterlagen und die Abhängigkeit solcher von neuen Technologien machen ein Archivierungskonzept unabdingbar.[75]

Nachdem die Begriffe der IT-Compliance und Archivierung definiert worden sind, gilt es im folgenden diese Begriffe im Kontext einer IT-Integration zu betrachten. Schwierigkeiten resultieren oftmals aus unklaren Begrifflichkeiten sowie der fehlenden Genauigkeit und zum Teil der Widersprüchlichkeit gesetzlicher Anforderungen.[76] Wichtig ist die Einführung eines IT-Compliance Managements, welches zur Sicherstellung eines rechtskonformen IT Einsatzes dienen soll. Somit wäre die IT-Integration, zumindest rechtlich gesehen, einfacher durchzuführen.

Aufgrund der Tatsache, dass solche Migrations- und Integrationsprojekte umfassende Änderungen der Anwendungssysteme und der IT-Infrastruktur mit sich bringen, ist es notwendig eine IT-Compliance Überprüfung schon in der Planungsphase des Integrationsprojektes durchzuführen.[77] Zu beachten ist jedoch, dass ein gut funktionierendes IT-Compliance Management, nicht nur die Einhaltung rechtlicher Vorgaben, sondern auch ein Wettbewerbsvorteil und verbesserte Kreditkonditionen mit sich bringt. Letzteres resultiert aus einem guten Rating der operativen IT-Risiken nach Basel II.[78]

---

[74] Vgl. Guggenberger, J.M. (2010), S. 105-106.
[75] Vgl. Nimz, B. (2000), S. 8.
[76] Vgl. Odenthal, R. (2007), S. 79.
[77] Vgl. Mellert, C. R. (2008), S. 83.
[78] Bundesministerium der Finanzen (BMF) (2019): *„Basel II ist eine vom Basler Ausschuss für Bankenaufsicht im Juni 2004 verabschiedete Eigenkapitalvereinbarung, deren Ziel es war, die*

Insbesondere bei der IT-Integration, bei der Altsysteme abgeschaltet werden, ist es daher wichtig, dass aufbewahrungspflichtige Daten entweder in das zukünftige Produktivsystem migriert oder elektronisch archiviert werden.[79]

3.6 Struktur, Herausforderung und Entwicklung der IT im Mittelstand

Im Folgenden wird die Struktur der IT im Mittelstand und die aktuellsten IT-Trends näher erläutert. Da die wichtigste Komponente eines IT-Systems die Software ist, wird zunächst dieser Begriff genauer definiert. Der Begriff Software umfasst zunächst alle Programme, die in einem Betrieb zum Einsatz kommen. Dieser Begriff wird zum einen unterteilt in die Anwendungssoftware und zum anderen in die Systemsoftware. Eine Systemsoftware umfasst alle Programme, die zur Steuerung der Betriebsabläufe dienen.

Unter einer Anwendungssoftware werden solche Programme verstanden, die Problemlösungen eines Anwendungsbereichs darstellen. Die Anwendungssoftware wird häufig noch nach kommerziellen und technisch-wissenschaftlichen Programmen unterteilt. Kommerzielle Programme decken unter anderem den Vertriebssektor, Beschaffungssektor, Fertigungssektor sowie den Finanz- und Personalsektor ab. Diese Funktionen werden klassischerweise von modularen, integrierten ERP-Systemen wahrgenommen. Ein aktuelles Beispiel für solch ein ERP-System ist SAP S/4Hana. Technisch-wissenschaftliche Programme hingegen umfassen unter anderem die Gebiete der Elektrotechnik, Konstruktion sowie Simulation. Wichtig ist hierbei noch zu unterscheiden ob die Anwendungssoftware selbst erstellt wurde oder fremdbezogen ist.

Je nach Einsatzhäufigkeit der Software spricht man entweder von Individualsoftware, welches eher im Einzelfall genutzt wird oder Standardsoftware, welches verallgemeinert mehrfach genutzt wird.[80]

Sicherheit und Zuverlässigkeit des Finanzsystems zu stärken, die Wettbewerbsgleichheit zu verbessern und Risiken besser zu erfassen."; Acker, O. (2006), S. 23.

[79] Guggenberger, J.M. (2010), S. 172: „Unter einem Produktivsystem wird eine Anwendung verstanden, die aktiv und unmittelbar nutzbar ist, Daten
verarbeitet und einen direkten Zugriff auf die originär digitalen Unterlagen zulässt. Ein Archivsystem dient dagegen der unveränderbaren Aufbewahrung
der Daten unabhängig von ihrem Datenformat, dem Ursprungssystem und dem Aufbewahrungsgrund."

[80] Vgl. Otto, G. (2007), S. 37.

In Bezug auf kleine und mittelständische Unternehmen kann festgehalten werden, dass diese im Gegensatz zu Großunternehmen viele ihrer Anwendungssoftware von außen beziehen, da diese meist nicht über genügend Finanzmittel verfügen, um diese selbst zu erstellen. Denn hierfür benötigen die Unternehmen hochqualifizierte Mitarbeiter, was mit einer hohen finanziellen Belastung einhergeht. Umgekehrt sieht es mit der Standardsoftware aus. Diese wird aus wirtschaftlichen Gründen vor allem von klein und mittelständischen Unternehmen genutzt. Meist wird jedoch auch die Standardsoftware nach firmenindividuellen Bedürfnissen angepasst und somit eine individualisierte Standardsoftware erstellt, welches mit höheren Kosten verbunden ist und deshalb von KMU's nicht bevorzugt wird. Aufgrund der Tatsache, dass kleine und mittelständische Unternehmen über schlechtere wirtschaftliche Rahmenbedingungen verfügen, besitzen diese im Vergleich zu Großunternehmen eine veraltete IT-Infrastruktur.[81] Diese können folglich nur mit hohem Aufwand betrieben werden. Zudem scheitern viele IT-Projekte von KMU's. Dies ist insbesondere darauf zurückzuführen, dass die Versprechen seitens der Anbieter nicht eingehalten werden können und das Zeitbudget dieser Projekte immer knapper wird.[82]

Aufgrund der oben genannten Aspekte versuchen kleine und mittelständische Unternehmen durch die Einführung neuer IT-Systeme und die Neustrukturierung der Geschäftsprozesse die Effizienz zu steigern.[83] Wie schon festgestellt, sind aber vor allem diese Unternehmen aufgrund beschränkt wirtschaftlicher und organisatorischer Möglichkeiten bei derartigen Änderungen von wesentlichen Risiken gefährdet.

Im Hinblick auf die Entwicklung der IT im Mittelstand gilt es festzuhalten, dass die Technik sich in einem stetigen Wandel befindet und neue Trends die IT-Landschaft der Unternehmen prägen.

Dies führt zu neuen Chancen und Risiken für den Mittelstand. Nachfolgend wird das Cloud Computing als eines der wichtigsten technologischen Trends näher definiert. Der Bundesverband Informationswirtschaft, Telekommunikation und neue Medien e.V. (Bitkom) definiert das Cloud Computing wie folgt: *„Cloud Computing ist eine Form der bedarfsgerechten und flexiblen Nutzung von IT-Leistungen. Diese*

---

[81] Vgl. Spielmann, P. / Koelwel, D. (2006), S. 13.
[82] Vgl. Otto, G. (2007), S. 41.
[83] Vgl. Dersch, D. (2000), S. 20-22.

werden als Service über das Internet bereitgestellt und nach Nutzung abgerechnet. Damit ermöglicht Cloud Computing den Nutzern eine Umverteilung von Investitions- zu Betriebsaufwand."[84] Cloud Computing Dienste können je nach Gegenstand in verschiedene Kategorien unterteilt werden:

- IaaS: Infrastructure as a Service (Bereitstellung von Rechenleistung und Speicherkapazität)
- PaaS: Platform as a Service (Bereitstellung von Plattformen mit Mehrwertdiensten, wie beispielsweise Sicherheitslösungen und Abrechnungsdiensten)
- SaaS: Software as a Service (Hierbei wird Software über das Netz zur Verfügung gestellt und nach Bedarf abgerechnet. Der Nutzer benötigt keine Hardware und damit keine Wartung einer eigenen IT-Infrastruktur)

Des Weiteren kann je nach Herkunft von Anbieter und Nutzer zwischen einem Private Cloud und Public Cloud unterschieden werden. Ersteres umfasst die Konstellation, bei der Anbieter und Nutzer sich innerhalb derselben Organisation befinden und letzteres, wenn Anbieter und Nutzer aus unterschiedlichen Unternehmen sind und die Dienste über das Internet bereitgestellt werden. Eine weitere Konstellation kann sich durch die Kombination der beiden Modelle ergeben und wird als Hybrid Cloud bezeichnet.

Hierbei ist dann vertraglich zu regeln, welche Dienste über das Internet bereitgestellt werden und welche unternehmensintern.[85]

Immer mehr Unternehmen darunter IBM, Telekom und kürzlich auch SAP bieten Cloud Computing Dienste an und scheinen die Zukunftsfähigkeit von solchen Dienstleistungen realisiert zu haben.

Hauptvorteil des Cloud Computing ist vor allem die Flexibilität. Die Unternehmen können je nach Ressourcenbedarf agieren und nur dafür zahlen, was sie tatsächlich in Anspruch nehmen. Diese Tatsache macht das Cloud Computing insbesondere für kleine und mittelständische Unternehmen lukrativ. Zudem können Unternehmen durch die Auslagerung von IT-Leistungen fixe Kosten in variable Kosten umwandeln und somit Kosten einsparen. Auch der Bedarf an IT-Spezialisten würde sich dadurch vermindern. Ein Nachteil dieser Technologie könnte die Datensicherheit

---

[84] Bitcom (2010).
[85] Vgl. Weisbecker, A. (2012), S. 9.

sein. Letztlich müssen die Unternehmen interne Informationen an die Cloud Anbieter anvertrauen und somit die Kontrolle über die eigenen Daten abgeben. Um eben diesem Kontrollverlust entgegen zu wirken, nutzen die Anbieter solcher Dienste modernste Sicherheitstechnologien wie die Verschlüsselung von Kommunikation in der Cloud und zwischen Kunden und Cloud.[86]

Es ist festzuhalten, dass das Cloud Computing aufgrund der oben genannten Vorteile und der steigenden Datenmengen für alle Unternehmen, vor allem aber für kleine und mittelständische Unternehmen, eine wesentliche Rolle einnehmen wird. Folgende Grafik der Webseite Statista.com sollte annähernd die Bedeutung dieser Technologie für deutsche Unternehmen aufzeigen:

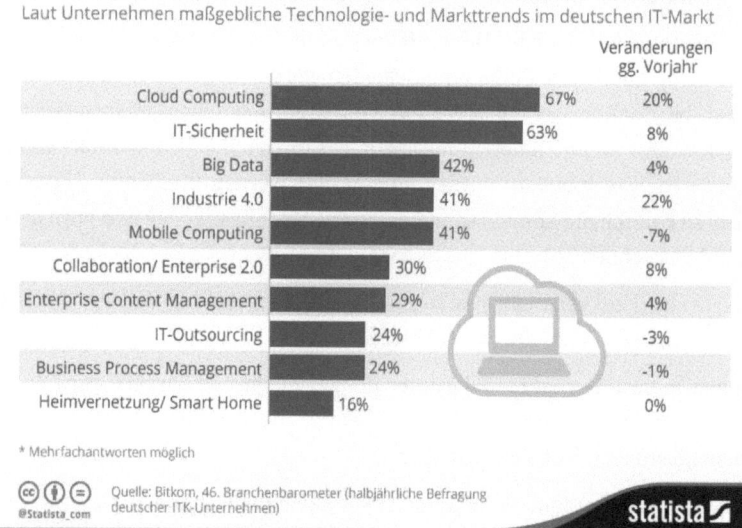

Abb. 10: Cloud Computing wird zum Topthema im deutschen IT-Mittelstand[87]

Zusätzlich sollte ergänzt werden, dass der Umsatz mit Cloud Computing weltweit von aktuell 214,3 Milliarden US-Dollar für das Jahr 2022 auf circa 331,2 Milliarden US-Dollar prognostiziert wird.[88]

---

[86] Vgl. ebd., S. 10.
[87] Dealogic (2019a).
[88] Vgl. Dealogic (2019b).

3.7 Besonderheiten chinesischer Investitionen in Deutschland

Wie in der Einleitung schon dargestellt, steigt die Anzahl chinesischer Investitionen auf dem deutschen Markt und diese Investitionen gewinnen durch das hohe Volumen immer mehr an Bedeutung. Jedoch unterscheiden sich diese Art von Transaktionen von denen, die nur durch die Beteiligung inländischer Unternehmen durchgeführt werden. Hierbei gilt es zusätzlich ausländische Regeln oder Kontrollen wie z.B. der MOFCOM oder NDRC zu beachten.

Bei der MOFCOM handelt es sich um das Handelsministerium der Volksrepublik China[89] und bei der NDRC um die Staatliche Kommission für Entwicklung und Reform der Volksrepublik China.[90] Nicht nur aus den Outbound-Investitionskontrollen chinesischer Ministerien oder Behörden ergeben sich Besonderheiten bzw. Schwierigkeiten im Hinblick auf M&A Transaktionen in Deutschland, sondern auch durch Inbound-Investitionskontrollen des deutschen Staates, die insbesondere durch das Außenwirtschaftsgesetz (AWG) und der Außenwirtschaftsverordnung (AWV) konkretisiert werden.

Dabei ist das Prüfsystem in Deutschland einmal sektorübergreifend und einmal sektorspezifisch zu verstehen. Bei der sektorübergreifenden Prüfung ist eine Prüfung unionsfremder Investitionen in Deutschland gemeint, bei der mindestens 25 Prozent der Anteile bzw. Stimmrechte (direkt oder indirekt) eines inländischen Unternehmens durch einen unionsfremden Investor erworben werden. Für diese Prüfung ist gem. § 55 Abs.1 AWV das Bundesministerium für Wirtschaft und Energie (BMWi) zuständig. Die gesetzliche Grundlage der Sektorübergreifenden Prüfung ist im §4 Abs.1 Nr.4, §5 Abs.2 AWG verankert.[91] §5 Abs.2 AWG: *„Beschränkungen oder Handlungspflichten nach § 4 Absatz 1 Nummer 4 können insbesondere angeordnet werden in Bezug auf den Erwerb inländischer Unternehmen oder von Anteilen an solchen Unternehmen durch unionsfremde Erwerber, wenn infolge des Erwerbs die öffentliche Ordnung oder Sicherheit der Bundesrepublik Deutschland gemäß § 4 Absatz 1 Nummer 4 gefährdet ist. Dies setzt voraus, dass eine tatsächliche und hinreichend schwere Gefährdung vorliegt, die ein Grundinteresse der Gesellschaft berührt. Unionsfremde Erwerber aus den Mitgliedstaaten der Europäischen Freihandelsassoziation stehen unionsansässigen Erwerbern gleich"*, §4 Abs.1 Nr.4 AWG: *„die*

---

[89] MOFCOM (2019).
[90] NDRC (2019).
[91] Vgl. Bu, Y. (2014), S. 277.

öffentliche Ordnung oder Sicherheit der Bundesrepublik Deutschland im Sinne der Artikel 36, 52 Absatz 1 und des Artikels 65 Absatz 1 des Vertrags über die Arbeitsweise der Europäischen Union zu gewährleisten oder."[92]

Daneben gibt es noch die Möglichkeit der sektorspezifischen Prüfung, welches gegenüber der sektorübergreifenden als lex specialis gilt, also vorrangig Anwendung findet. Demzufolge werden bestimmte Unternehmenssektoren, um die wesentlichen Sicherheitsinteressen der Bundesrepublik nach §4 Abs.1 Nr.1 AWG zu gewährleisten, strenger und bevorzugt geprüft. Nach §5 Abs. 3 AWG, §60 AWV hat das Bundesministerium ein Prüfrecht, falls ein inländisches Rüstungs- oder IT-Sicherheitsunternehmen erworben oder eine Beteiligung an den Stimmrechten zu mindestens 25 Prozent stattfindet. Diese Prüfung inkludiert jegliche ausländische Übernahmen. Wohingegen die sektorübergreifende Prüfung sich nur mit unionsfremden Übernahmen beschäftigt.[93] Durch verschiedene Kontrollmechanismen und gesetzliche Vorgaben der jeweiligen Staaten sind vor allem rechtliche Besonderheiten bzw. Schwierigkeiten, unabdingbar. Aufgrund dessen, dass sich diese Arbeit vor allem mit der Post-Merger Phase von M&A Transaktionen befasst, werden diese Aspekte nicht näher erläutert. Vielmehr werden im Folgenden die Besonderheiten bzw. Schwierigkeiten solcher Transaktionen, die während der Post-Merger Integration auftreten können, herausgearbeitet. Neben der IT-Integration, welches je nach Ausgestaltung der IT-Infrastruktur und Systeme des Erwerbers besonders komplex sein kann, können sich Besonderheiten in den folgenden Bereichen ergeben:

Unternehmensumstrukturierung

Hierbei wird das Unternehmen vor allem im Hinblick auf gesellschaftsrechtlicher oder aber auch arbeits- und betriebsverfassungsrechtlicher Maßnahmen umstrukturiert. Es sind unter anderem die Änderung von Satzungen, Abänderung von Vergütungsmodellen, Überprüfung der Beschaffungs-, Produktions- und Vertriebsprozesse oder die steuerliche Optimierung zu beachten.[94]

---

[92] Bundesministerium der Justiz und für Verbraucherschutz (BMJV) (2019).
[93] Vgl. Bu, Y. (2014), S. 279-280.
[94] Vgl. Umnuß (2012), Kapitel 9 Rn. 116.

Vereinheitlichung von Prozessen und Strukturen

Unterschiede können insbesondere in den Prozessen und Strukturen der beteiligten Parteien zu finden sein. Hierbei sollte die Integration der Buchhaltung sowie die Vereinheitlichung des Berichts- und Meldewesens im Fokus stehen.[95]

Personelle und kulturelle Integration

Dieser Bereich scheint die größte Schwierigkeit in der Post-Merger Integration solcher Transaktionen darzustellen. Dass die chinesische Unternehmenskultur sich von der deutschen unterscheidet, ist keine Neuheit. Aufgrund der Tatsache, dass sich das deutsche Arbeitsrecht vom chinesischen unterscheidet, scheint die personelle Integration besonders problematisch zu sein. Speziell der Umgang mit den Betriebsräten könnte hier eine Hürde für chinesische Investoren darstellen. Empfehlenswert wäre hierbei, dass die ursprüngliche Unternehmensleitung des deutschen Unternehmens erhalten bleibt, da diese in der Regel Wissens- und Erfahrungsvorsprung bezüglich der arbeitsrechtlichen Situation in Deutschland hat.[96]

Kommunikationsmanagement nach innen und nach außen

Eine Unternehmensübernahme bringt nicht selten eine gewisse Verunsicherung mit sich. Dies wird wohl bei einer ausländischen Übernahme eher verstärkt der Fall sein. Deshalb ist es von Bedeutung, dass sowohl die interne als auch externe Kommunikation gut organisiert wird. Bezüglich der internen Kommunikation betrifft dies vor allem die Mitarbeiter und bezüglich der externen Kommunikation sind v.a. der Markt sowie Kunden und Lieferanten davon betroffen.[97]

Im Hinblick auf die Kommunikation bestehen weiterhin erhebliche Differenzen. Chinesische Unternehmen legen Wert auf Diskretion, wohingegen westliche Staaten eher einen Gewicht auf Transparenz legen. Empfehlenswert wäre hierbei die Einbindung von externen Kommunikationsberatern seitens chinesischer Investoren.[98]

Insbesondere gilt es nach solchen Übernahmen genug Zeit und Ressourcen im Vorfeld einzuplanen. Zudem sollte bei der IT-Integration darauf geachtet werden, dass die in Kapitel 3.5 erwähnten IT-Compliance Anforderungen eingehalten werden.

---

[95] Vgl. Zwirner, C. / Boecker, C. (2013), S. 2735.
[96] Vgl. Bu, Y. (2014), S. 248.
[97] Vgl. Umnuß (2012), Kapitel 9 Rn. 120.
[98] Vgl. Bu, Y. (2014), S. 249.

4 Fallstudie zur IT-Integration

Nachdem in den vorherigen zwei Kapiteln die theoretischen Ansatzmöglichkeiten, sowie die Besonderheiten und Schwierigkeiten der IT-Integration aufgezeigt wurden, widmet sich dieses Kapitel nun dem praktischen Teil der Arbeit. Hierfür wird in Anlehnung an Otto Grohmann eine Fallstudie ausführlich dargestellt. Die Fallstudie soll dabei helfen zu verstehen, wie eine IT-Integration in der Praxis ablaufen kann. Des Weiteren sollen die erfolgsbestimmenden Aspekte einer IT-Integration herausgearbeitet werden.

4.1 Eckdaten der beteiligten Unternehmen

Das akquirierende Unternehmen:

- Ziel der Integration: Wie in Kapitel 3.1 schon erläutert, kann eine IT-Integration im Zuge einer Unternehmensübernahme verschiedene Gründe haben. In diesem Fall wollte das akquirierende Unternehmen durch die Übernahme eines Mitwettbewerbers, zum einen zusätzliches Knowhow und weitere Marktanteile gewinnen und zum anderen durch gewonnene Synergieeffekte die Kosten im Unternehmen senken.
- Branche: Anlagen- und Sondermaschinenbau
- Umsatz: 150 Mio. Euro
- Mitarbeiteranzahl: 1.100
- Unternehmensstruktur: Der Hauptsitz des Unternehmens ist in Süddeutschland und es gehört zu einer in privatem Besitz befindlichen Firmengruppe. Das Unternehmen hat zwei weitere rechtlich selbstständige Tochtergesellschaften und Vertriebsniederlassungen auf der ganzen Welt.[99]

---

[99] Vgl. Otto, G. (2007), S. 77, 81-82.

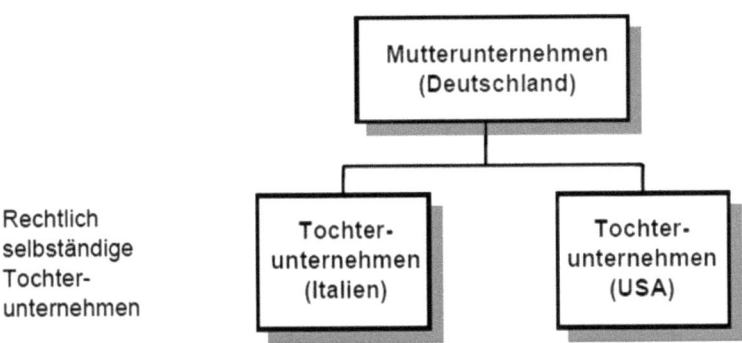

Abb. 11: Unternehmensstruktur des akquirierenden Unternehmens[100]

- Produktspektrum: Das Produktspektrum beinhaltet: Maschinen zur Papierverarbeitung, Maschine zum Schweißen von Kunststoffen und Zentralschmieranlagen.
- Kunden: Diese sind größtenteils weltweit tätige Konzerne der Papierverarbeitung oder der Automobilzulieferindustrie. Es wird hauptsächlich ins Ausland exportiert.
- Prozesse: Der Schwerpunkt liegt hier beim Projektgeschäft, d.h. es wird je nach Auftragslage produziert, sodass hier eine Großserienproduktion nicht zu erwarten ist. Somit ist das Unternehmen, was die Auftragsbearbeitung betrifft flexibel und variabel. Dies führt dazu, dass die Einzelheiten der Prozessabläufe eher nach den jeweiligen Anforderungen der Kunden angepasst werden.[101]

---

[100] Otto, G. (2007), S. 78.
[101] Vgl. ebd., S. 78-79.

Fallstudie zur IT-Integration

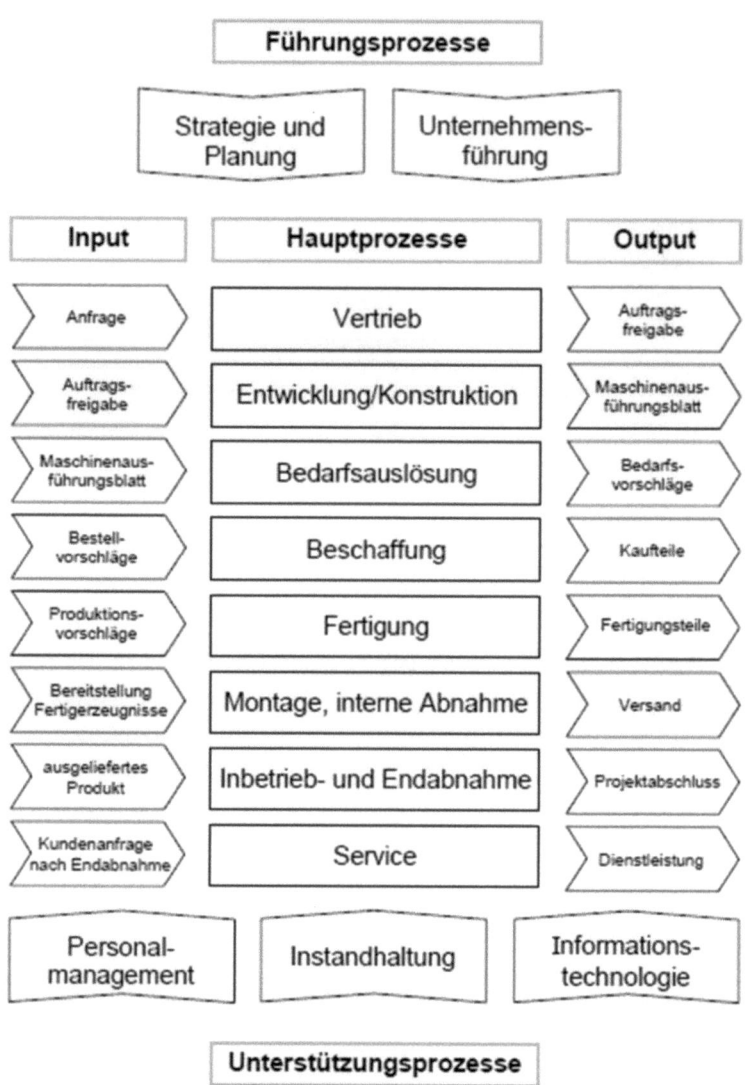

Abb. 12: Kernprozesse des akquirierenden Beispielunternehmens[102]

---

[102] Otto, G. (2007), S. 79.

Wie in der obigen Abb. zu sehen ist, unterteilen sich die Kernprozesse des Beispielunternehmens in Führungs-, Haupt- und Unterstützungsprozesse. Man kann hieraus entnehmen, dass die Führungsprozesse übergeordnet sich auf die gesamten Prozesse im Unternehmen auswirken. Daneben bietet das Personalmanagement beim Prozessinput, die Informationstechnologien beim Prozessoutput und die Instandhaltung bei der Durchführung von den Hauptprozessen Unterstützung.

Das Zielunternehmen:

- Branche: Konkurrent vom akquirierenden Unternehmen
- Umsatz: 20 Mio. Euro (Divison A + Tochtergesellschaft)
- Mitarbeiteranzahl: 115 (Division A + Tochtergesellschaft)
- Unternehmensstruktur: Das Zielunternehmen gehörte einem Konzern an. Der Standort der Aktiengesellschaft (Division A der Konzerngesellschaft) liegt in Nordrhein-Westfalen. Für die Entwicklung und Produktion gab es noch einen Standort in den USA. Die Funktionen in den Bereichen Finanzen, IT und Personal wurden von der Muttergesellschaft zentral wahrgenommen, sodass die Tochtergesellschaft vor allem in den genannten Bereichen stark von der Muttergesellschaft abhängig war.[103]

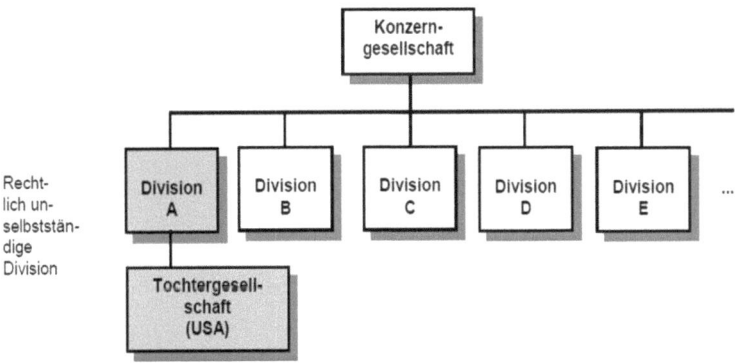

Abb. 13: Unternehmensstruktur des akquirierten Unternehmens[104]

In der Abb. 13 ist die Struktur der Konzerngesellschaft zu sehen. Das zum Verkauf angebotene Unternehmen und dessen Tochtergesellschaft ist blau markiert.

---

[103] Vgl. Otto, G. (2007), S. 80-81.
[104] Ebd., S. 81.

4.2 Ausganssituation der beteiligten Unternehmen im Hinblick auf die IT

Ausgangssituation des Erwerbers

Die IT-Landschaft des akquirierenden Unternehmens war zum Zeitpunkt der Übernahme ziemlich ungleichmäßig aufgebaut. Dies war darauf zurückzuführen, dass die Funktionalitäten des ERP-Systems (Baan) ziemlich eingeschränkt sind und somit die Notwendigkeit für weitere Subsysteme bestand. Individuelle Anpassungen des Unternehmens am ERP-System gab es nicht. Diese Form der IT-Landschaft hatte seine Vor- und Nachteile. Als Vorteil könnte die umfassende Abdeckung der Funktionen und als Nachteil, aufgrund von vielen Subsystemen, die verschiedenen Bedienoberflächen gesehen werden. Noch ein Problem war es, dass die Kernsysteme ERP (Baan) und CAD[105] (Medusa) nicht so sehr auf dem Markt verbreitet waren, wie z.B. das ERP-System SAP.[106]

---

[105] Voigt, K.-I. (2019): *„Abkürzung für Computer Aided Design. Computergestütztes Konstruieren, d.h. Entwurf von Produkten mit computerunterstützter Grafikerstellung."*
[106] Vgl. Otto, G. (2007), S. 109.

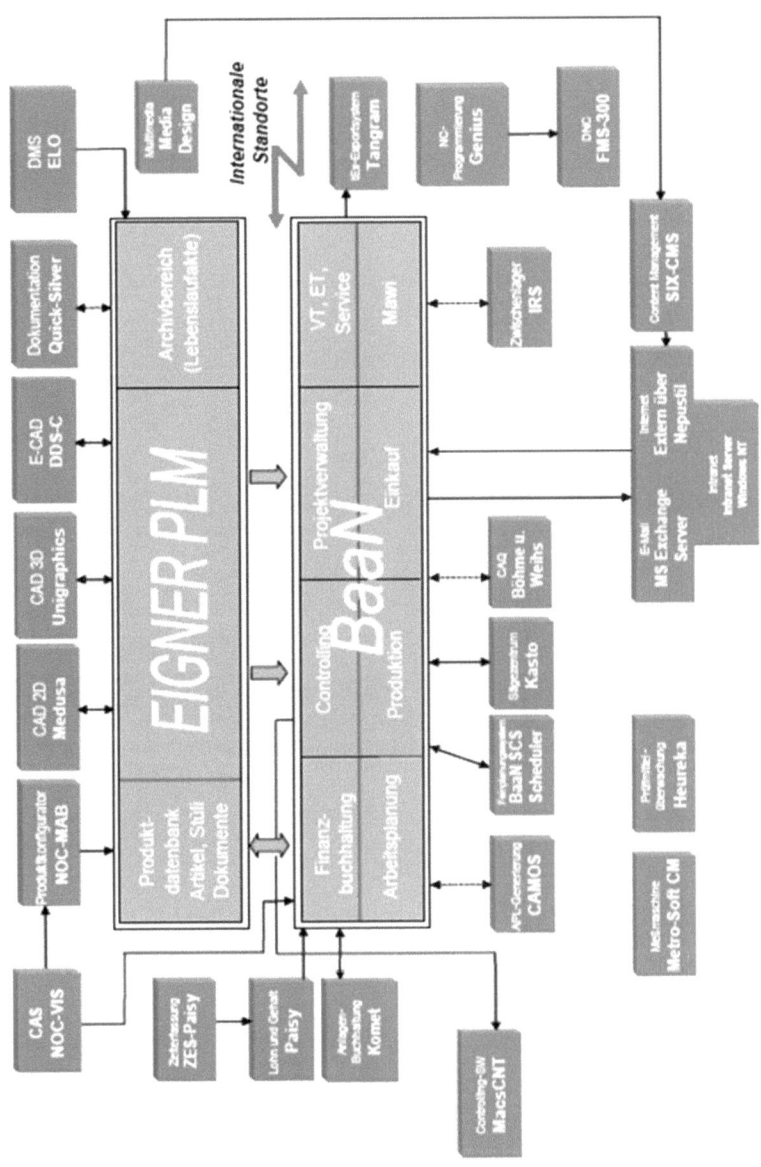

Abb. 14: Struktur der IT-Systeme des Mutterunternehmens[107]

Ausgangssituation im Zielunternehmen

Aufgrund der Tatsache, dass das Zielunternehmen zu einem Konzernverbund gehörte, war die IT-Landschaft sehr einheitlich strukturiert. Im Gegensatz zum akquirierenden Unternehmen gab es sehr wenige unterschiedliche Systeme. Vielmehr wurden die Funktionalitäten durch unternehmensspezifische Anpassungen am ERP-System abgedeckt.[108]

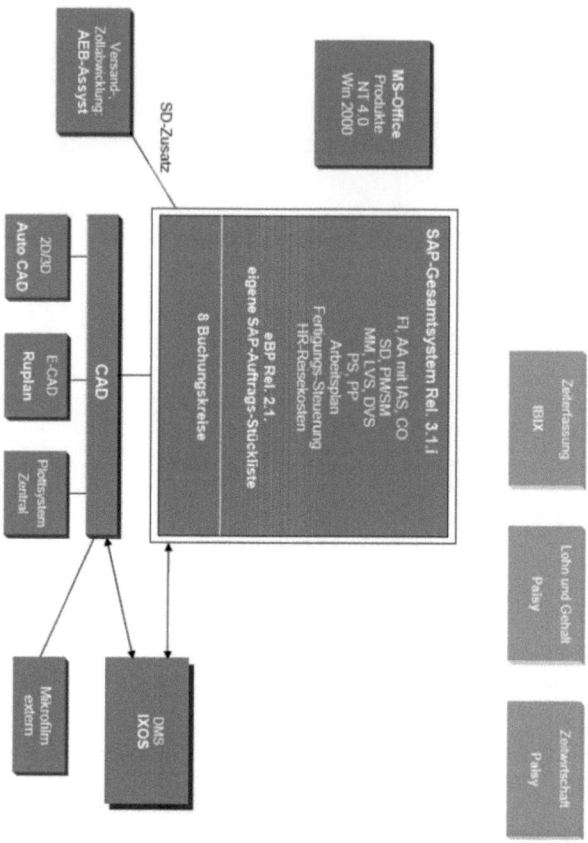

Abb. 15: Struktur der IT-Systeme des Zielunternehmens[109]

---

[107] Ebd., S. 110.
[108] Vgl. Otto, G. (2007), S. 111.
[109] Ebd., S. 112.

Wie in der obigen Abb. zu sehen ist, sieht die IT-Landschaft des Zielunternehmens deutlich übersichtlicher aus. Als ERP-System wird SAP R/3 mit diversen Modulen benutzt.

Ein kurzer Vergleich der beiden IT-Landschaften zeigt, dass das Zielunternehmen mit der Nutzung eines zukunftsfähigeren ERP-Systems und deutlich besseren IT-Strukturen zumindest die besseren Argumente liefern kann.

Nichtsdestotrotz wird üblicherweise von der Geschäftsleitung des akquirierenden Unternehmens erst am Ende der Systemanalyse entschieden, wer auf wessen Systeme umzustellen hat.

4.3 Systemanalysen und Konzeptionierung für die Integration

Zu Beginn wurden durch zweitägige Workshops, Informationen über den Gesamtablauf und der Arbeitsweise beider Unternehmen gesammelt. Hierbei wurden die Systemfunktionen zunächst formlos in Stichpunkten festgehalten.

Anschließend wurde durch die Projektleitung ein tabellarischer Abgleich der Kernfunktionen beider Systeme vorgenommen. Hierbei wurden die wichtigsten Unterschiede erörtert. Dieses Vorgehen war notwendig, um sich für eine Integrationsmethode (siehe Kapitel 3.3) zu entscheiden. Als Zwischenergebnis der ersten Untersuchungen war man sich darüber einig, dass die Greenfield-Methode keine Anwendung finden wird. Es sollten also keine neuen Systeme beschafft werden. Als mögliche Integrationsmethode kam im Endeffekt entweder die Absorptionsmethode (Systeme des Tochterunternehmens werden abgelöst) oder die Koexistenz-Methode (mit geringem Datenaustausch über einzelne Schnittstellen) in Frage. Nachfolgend wurden die Ergebnisse der Systemanalysen zusammengetragen. Zunächst konnte man festhalten, dass die enge Zusammenarbeit im Rahmen des Post-Merger Projekts dazu beigetragen hat, dass die Motivation und die Akzeptanz auf beiden Seiten gestiegen ist.[110] Die nähre Untersuchung der IT-Systeme ergab schließlich folgende sechs Kernunterschiede:

---

[110] Vgl. Otto, G. (2007), S. 115.

Tochterunternehmen	Mutterunternehmen
1 Pflege des Artikelstamms auf Zeichnung	1 Pflege des Artikelstamms in Datenbank
2 Dokument (Zeichnung) hängt am Material, entsprechend einem Warenbegleitschein. Identifikation des Materials über Zeichnung.	2 Zeichnung hängt nur an Zeichnungsteilen. Material und Dokument werden separat behandelt. Identifikation des Materials über Gravur.
3 Gesamtstückliste (Subtrahierende Projektspezifikation)	3 Wachsende Stückliste
4 Projektspezifische Auftragsbearbeitung	4 Weitgehend neutrale Auftragsbearbeitung
5 Berechtigungen: Nicht mehr als nötig, abteilungsbezogen	5 Berechtigungen: soviel wie sinnvoll, abteilungsübergreifend
6 IT outgesourced	6 IT inhouse

Abb. 16: Wesentliche Unterschiede der IT-Systeme[111]

Wie die Abb. 16 verdeutlicht, gab es insbesondere in Bezug auf den Materialstamm wesentliche Unterschiede. Diese Unterschiede sind als Ergebnis der verschiedenen Unternehmensphilosophien zu sehen. Aufgrund der differenzierten Arbeitsweisen und Datenspeicherung konnte kein vollautomatischer Datentransfer zwischen den Systemen stattfinden. Vielmehr mussten nun die Daten manuell übertragen werden.

In einem letzten Schritt wurden die hard und soft facts [112] des jeweiligen IT-Umfelds gegenübergestellt. Als hard facts wurden in Form einer Einzelaufstellung die jährlichen Kosten ermittelt. Für notwendige Investitionen wurde der Abschreibungswert berücksichtigt. Diese Gegenüberstellung hat im Gegensatz zur anfänglichen Annahme ergeben, dass die Betriebskosten bei Nutzung der Systeme des Tochterunternehmens höher ausfallen als im umgekehrten Fall. Dies war vor allem auf die Softwarelizenzen zurückzuführen. Denn diese müssten im Falle der Umstellung auf die Systeme des Tochterunternehmens neu beschaffen werden. Dies ist darauf zurückzuführen, dass die Übertragung der Lizenzen vom Konzern an Tochter- oder Mutterunternehmen gemäß dem Lizenzrecht von Microsoft oder SAP unzulässig sind. [113]

---

[111] Otto, G. (2007), S. 116.

[112] Lies, J. (2019): *„Harte Faktoren (hard facts) lassen sich in betriebswirtschaftlichen Kennzahlen wie Kosten, Kapitalumschlag oder Durchlaufzeiten ausdrücken. Man spricht von ökonomischer Objektivierung durch Kennziffern. Zu den weichen Faktoren (soft facts) zählen Images, Stimmungen, aber auch Wissen und daraus resultierendes Verhalten (De-/Motivation) sowie Handlungsweisen (Unterstützung/Widerstand)."*

[113] Vgl. Otto, G. (2007), S. 118.

Bezüglich der soft facts sah die Situation etwas anders aus. Hierbei waren vor allem Fragestellungen im Hinblick auf die Marktverbreitung, der zeitgemäßen Bedieneroberfläche und der langfristigen Sicherheit im Vordergrund.

Aufgrund der Tatsache, dass das SAP-System weltweit Marktführer ist und die Weiterentwicklung des Baan-Systems nicht gesichert ist, wäre die Umstellung auf das SAP-System des Tochterunternehmens zumindest nach den Soft facts vorteilhafter. Abschließend wurden diese Fakten vom Projektteam in einer Präsentation zusammengefasst und in der Geschäftsführungssitzung vorgetragen.

Die Geschäftsführung des Mutterunternehmens kam letztlich zum Entschluss, dass das Tochterunternehmen auf die Systeme des Mutterunternehmens umzustellen hat (Absorptionsmethode). Für diese Entscheidung wurden rein finanzielle Aspekte und die Zielsetzung von einheitlichen IT-Systemen berücksichtigt. Die oben aufgeführten soft facts waren für die Entscheidungsfindung eher irrelevant.[114]

4.4 Durchführung der Datenmigration

Nachdem die Analyse des IT-Umfeldes beider Unternehmen abgeschlossen wurde und die Geschäftsführung des Mutterunternehmens sich für eine Integrationsmethode entschieden hat, sollte nun die Durchführung der Datenmigration erfolgen. Vor der eigentlichen Migration galt es aber zuerst die Planung, den Ablauf, Schwerpunkt und die Strategie der Migration zu bestimmen.

---

[114] Vgl. Otto, G. (2007), S. 118, 120.

Fallstudie zur IT-Integration

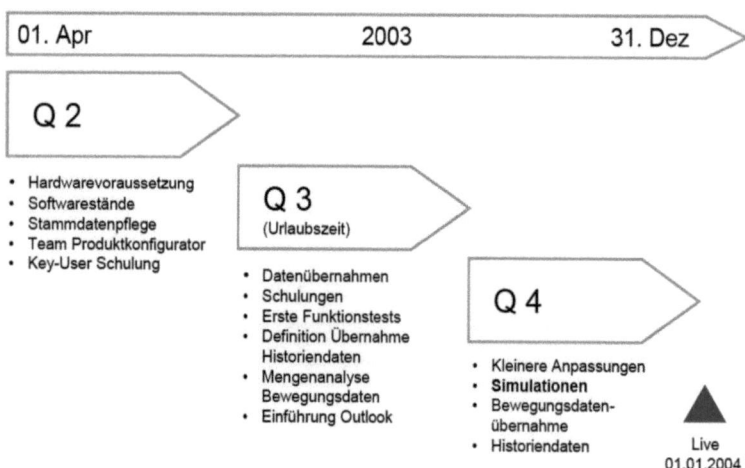

Abb. 17: Grobplanung der IT-Migration[115]

Die Abb. 17 zeigt die Grobplanung, an die sich das Projektteam orientiert hatte. Demnach wurden 9 Monate für die Migration eingeplant. Wichtig war es inkonsistente und fehlende Daten, die während der Migration ermittelt werden zu bereinigen. Die Einführung der Anwendungssysteme sollte möglichst effizient gestaltet werden und mit den Ressourcen sparsam umgegangen werden.

Dies hatte zur Folge, dass die Umstellung der Systeme per „Big Bang"[116] geschieht. Lediglich die Umstellung von ERP und E-Mail sollte zeitlich versetzt erfolgen, damit die Mitarbeiter nicht überfordert werden. Geplant war es zunächst durch monatlich zwei halbtägige Teammeetings die Einzelheiten zur Detailplanung zu besprechen und abzustimmen. Da aber die Mitarbeiter des Mutterunternehmens über genügend Erfahrung im Umgang mit den vorhandenen Systemen hatten, wurde der Projektplan in den ersten Meetings präzisiert und nicht weiter abgestimmt.[117]

---

[115] Otto, G. (2007), S. 121.
[116] Vgl. Gronau, N. (2015): Unter einer „Big Bang" Umstellung, ist die Umstellung der Systeme zu einem bestimmten Zeitpunkt gemeint. Gewöhnlich an Zeiten, wo ein Ausfall der Systeme unkritisch ist, wie z.B. an Wochenenden.
[117] Vgl. Otto, G. (2007), S. 121-122.

Aufgrund der Tatsache, dass den Key-Usern[118] des Tochterunternehmens die notwendigen Kenntnisse über die Systeme des Mutterunternehmens fehlten, konnten diese gar nicht oder nur bedingt in die Datenmigration involviert werden. Erst gegen Ende des Projektes, wo die Anwenderschulungen stattfinden sollten, konnten diese aktiv am Projekt teilnehmen. Wie schon erwähnt, lag der Schwerpunkt stets bei der ERP Datenmigration, da diese vor allem aufgrund verschiedener Arten der Speicherung von Stammdaten komplex war. Nach der Gegenüberstellung der Stammdatenfelder von Tochter- und Mutterunternehmen stand fest, dass diese Daten nicht automatisiert übertragen werden konnten und es Bedarf für eine manuelle Nachbereitung gab. Vor der eigentlichen Migration musste im letzten Schritt mit den Erkenntnissen aus den vorherigen Schritten, die konkrete Migrationsstrategie festgelegt werden. Mit dem Ziel den Aufwand für die manuelle Übertragung so gering wie möglich zu halten, wurde ein Zweistufen Verfahren als Strategie festgelegt. In der ersten Stufe sollten zunächst alle Informationen der Materialstämme, die automatisch übertragbar waren, in einen Archivbereich kopiert werden. Anschließend sollten die restlichen Informationen nach den folgenden Kriterien priorisiert werden:

- Materialstämme der aktuell produzierten Maschinen
- Maschinen, die bald verkauft werden
- Ersatz- und Verschleißteile von Maschinen, die in den letzten 3 Jahren verkauft wurden

Durch diese Priorisierung konnte die Anzahl der manuell zu übertragenden Materialstämme auf 12.000 reduziert werden. Nachdem auch die Strategie für die Übernahme festgelegt wurde, konnte das Projektteam mit der eigentlichen Datenmigration beginnen.[119]

Gemäß den Übernahmeregeln sollten nun die SAP Datensätze des Tochterunternehmens in sogenannte ASCII-Dateien[120] geschrieben werden. Diese Daten wurden dann, wie schon in der Übernahmestrategie festgelegt, in die jeweiligen Archiv-

---

[118] Detering, A. (2014): *„Die „Key User" (aus dem Denglischen übersetzt die „entscheidenden Anwender" oder „Haupt-Benutzer") vertreten die fachlichen Interessen ihres Bereiches im ERP-Projekt."*
[119] Vgl. Otto, G. (2007), S. 123-124.
[120] Vgl. Siepermann, M. (2019): Die Abkürzung ASCII steht für American Standard Code for Information Interchange. Hierbei handelt es sich um eine Textdatei, welche nach den ASCII Vorgaben kodiert wurde.

bereiche der Systeme kopiert und mit einem Fortschrittskenner versehen. Anschließend erfolgte die manuelle Überarbeitung der 12.000 Materialstämme. Da die Materialstämme beim Tochterunternehmen als Zeichnung vorhanden waren und nicht in Datenbanken gespeichert wurden, mussten für die manuelle Überarbeitung zunächst die Zeichnungen geplottet werden. Anschließend wurden diese mit den Stammdaten, die bereits im System vorhanden sind, abgeglichen.

Im nächsten Schritt mussten die Bauteile des Tochterunternehmens zugeordnet und anschließend richtig klassifiziert werden. Hierzu bediente man sich dem Benennungslexikon des Mutterunternehmens. Am Ende des Vorgangs wurde der Fortschrittskenner auf einen neuen Wert gesetzt. Für den Abgleich der Zeichnungen und die Zuordnung der Bauteile wurden unter anderem Monteure aus der Produktion als Hilfe herangezogen, da diese sich mit technischen Zeichnungen auskannten. Nachteil dieses Vorgehens waren mangelnde Computerkenntnisse, welche trotz gezielter Schulungen nicht vollständig kompensiert werden konnten. Hierfür fehlte es den Monteuren an ausreichend Erfahrung mit den neuen Systemen. Die 12.000 Daten wurden in kleinen Mitarbeitergruppen überarbeitet. Dieser Prozess hatte etwas mehr als drei Monate in Anspruch genommen.[121]

---

[121] Vgl. Otto, G. (2007), S. 125-126.

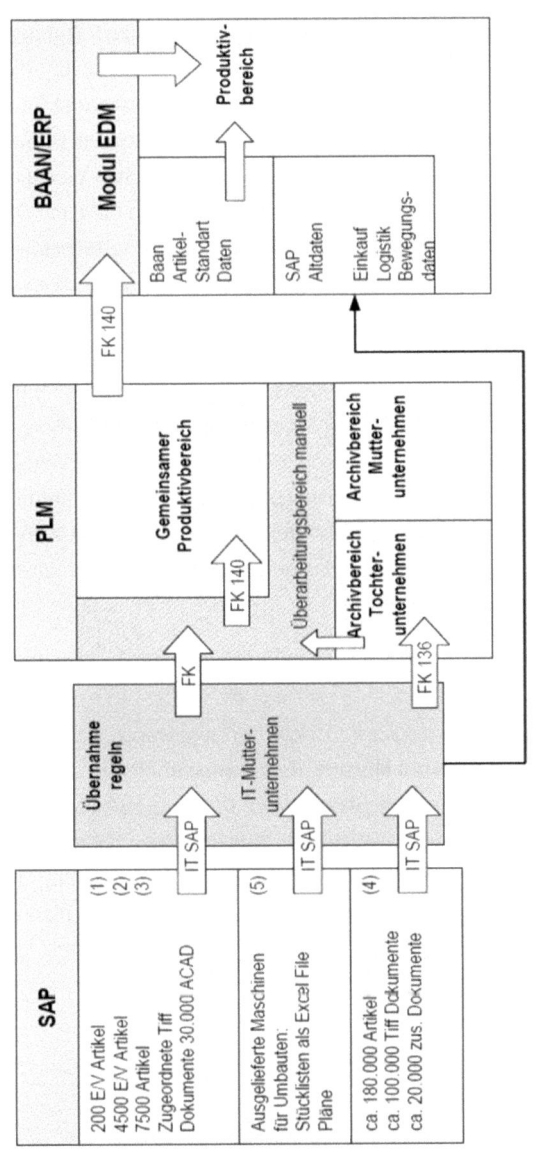

Abb. 18: Schema der Datenmigration[122]

---

[122] Otto, G. (2007), S. 125.

Ein ebenso wichtiger Bestandteil der Migration waren die internen Schulungen von den Mitarbeitern des Tochterunternehmens. Diese wurden durch die Key-User beider Unternehmen durchgeführt. Obwohl IT-Basiswissen Voraussetzung für die firmenspezifischen Schulungen war, wurde dies aufgrund des knappen Terminplans weggelassen. Durch firmenspezifische Unterlagen und praktischen Beispielen haben die Key-User vor allem das Dokumentenmanagementsystem PLM und das ERP-System mit Schwerpunkt Logistik den Mitarbeitern des Tochterunternehmens näher erklärt. Diese Vorgehensweise wurde von allen Beteiligten durchaus positiv empfunden. In dieser Phase der Migration ist es von zentraler Bedeutung gewesen, dass die Key-User die eingesetzt werden, ausgeprägte soziale und kommunikative Fähigkeiten besitzen. Die im Beispielunternehmen eingesetzten Foren im Intranet wurden eher selten genutzt. Es ist KMU üblich, dass Mitarbeiter bei IT-Fragen oder -Problemen sich direkt an die Arbeitskollegen oder der IT-Abteilung wenden. Erwähnenswert ist die Tatsache, dass die Führungskräfte nicht in die Schulungen integriert wurden, was ebenso einen positiven Effekt auf die Beteiligten hatte. Somit hatten die Beteiligten zu keinem Zeitpunkt das Gefühl beobachtet oder kontrolliert zu werden.[123]

Aufgrund eines Reorganisationsprojektes, welches zwischenzeitlich gestartet war, mussten die Soll-Prozesse geändert und Personal abgebaut werden.

Der Personalabbau ist vor allem darauf zurückzuführen gewesen, dass komplette Aufgabenbereiche vom Tochter- zum Mutterunternehmen übertragen wurden, sodass die betroffenen Organisationseinheiten bei der Tochtergesellschaft geschlossen werden mussten. Beim Abbau des Personals war darauf zu achten, dass kein Verlust von Knowhow entsteht. In diesem Zusammenhang war es wichtig, dass die Key-User im Rahmen der Reorganisation dem Unternehmen erhalten bleiben.[124]

---

[123] Vgl. ebd., S. 127-128.
[124] Vgl. Otto, G. (2007), S. 129, 132.

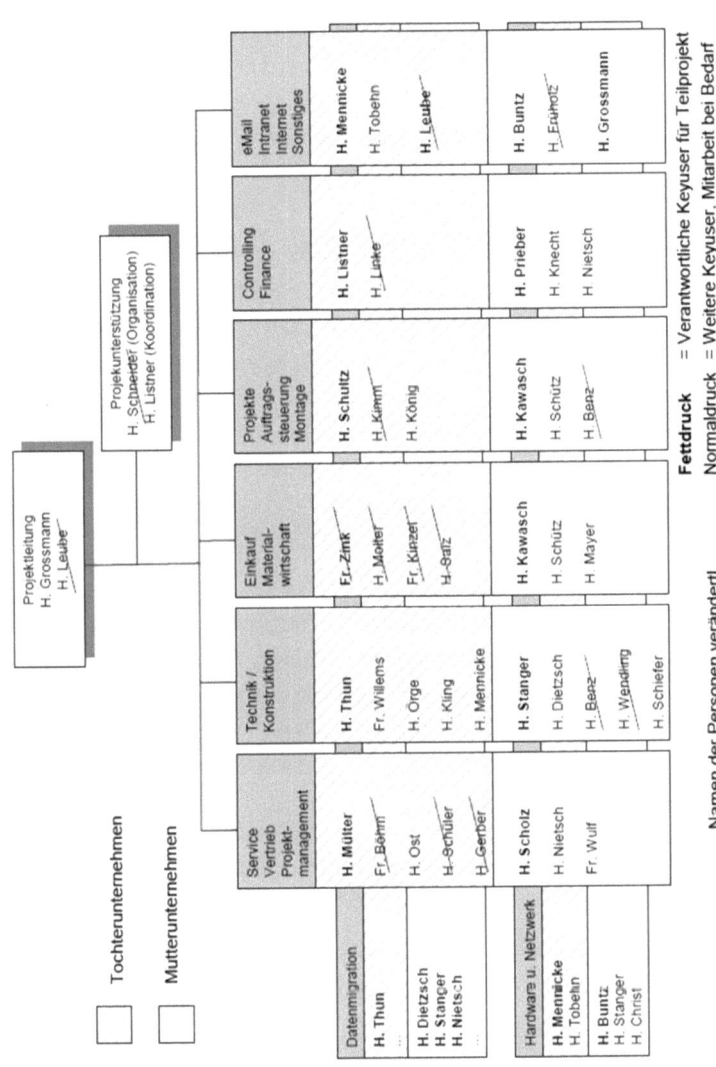

Abb. 19: Freigesetzte Mitarbeiter des Projektes nach der Restrukturierung[125]

---

[125] Ebd., S. 133.

Die obige Abb. zeigt, dass versucht wurde alle Key-User beizubehalten und dies bis auf eine Ausnahme dem Unternehmen auch gelungen war. Für die Änderung der Soll-Prozesse sorgte vor allem die neue Vorgehensweise bei der Maschinenmontage. Im Gegensatz zum aktuellen Vorgehen sollten nur die zentralen Baugruppen beim Tochterunternehmen montiert werden und die restlichen Baugruppen beim Mutterunternehmen oder Lieferanten.

Die Endmontage sollte in jedem Fall erst beim Kunden stattfinden.[126] Im Endergebnis konnte man festhalten, dass die Integration trotz diverser Probleme erfolgreich war. Der Erwerber konnte die Daten des Zielunternehmens erfolgreich in seine eigenen Systeme migrieren. Die Frage, ob die Entscheidung das ERP-System Baan dem strategisch überlegenem SAP-System vorzuziehen richtig war, wird sich wohl eher in Zukunft beantworten lassen. Denn zukünftige Trends wie das Cloud Computing und die zunehmende Digitalisierung werden zeigen, inwiefern das ERP-System Baan konkurrenzfähig sein wird.

4.5 Zusammenfassung der Erkenntnisse

In der Fallstudie ging es um eines der größten Akquisition eines mittelständischen Unternehmens seit seiner Gründung vor 60 Jahren. Die Integration der IT wie in diesem Beispiel durchgeführt worden ist, hatte seine Vor- und Nachteile. Aus diesem könnten sich folgende Erfolgsfaktoren für eine erfolgreiche IT-Integration ableiten lassen:

Die richtige Integrationsmethode

Die Antwort auf die Frage der richtigen Integrationsmethode hängt immer von den individuellen Gegebenheiten und Zielen der beteiligten Unternehmen ab.

Strategische Aspekte bei der Wahl des Zielsystems

Das Beispielunternehmen hatte in der Fallstudie genau diese Aspekte außer Acht gelassen. Die Zukunftsfähigkeit des ERP-Systems Baan fiel nicht so sehr ins Gewicht wie die Kosten die aufgewendet werden müssten um die erforderlichen SAP Softwarelizenzen anzuschaffen. Auch wenn hier kurzfristig die kostengünstigere Alternative gewählt wurde, könnte eine Entscheidung ohne die sogenannten soft facts zu berücksichtigen langfristig gesehen hohe Kosten verursachen.

---

[126] Vgl. Otto, G. (2007), S. 129.

Die Motivation der Beteiligten

Die Motivation der Beteiligten ist wohlmöglich eines der Schlüsselfaktoren für eine erfolgreiche Integration.

Dies ist den Verantwortlichen des akquirierenden Beispielunternehmens vor allem in der Anfangsphase gut gelungen. Regelmäßige Teammeetings und Teamevents sorgten für einen kollegialen Umgang miteinander.

Im Verlauf der Integration jedoch, sank die Motivation der Beteiligten des Tochterunternehmens, weil das Mutterunternehmen bei der Wahl des Zielsystems nur hard facts herangezogen hatte. Somit wurde die komplexere von beiden Systemen ausgesucht und die Integration für die Beteiligten des Tochterunternehmens deutlich erschwert.

Die richtige Wahl der Key-User

Den Key-Usern der beteiligten Unternehmen kommt vor allem bei der Schulung der Mitarbeiter eine besondere Rolle zu. Deshalb sollten die Key-User der beteiligten Unternehmen, wie in Kapitel 4.4 schon erläutert, ausgeprägte soziale und kommunikative Fähigkeiten sowie fundiertes Expertenwissen besitzen. Außerdem sollten diese bereit sein ihr Wissen weiterzugeben und freie Kapazitäten haben.

Gezielte Schulung der End-User

In der Fallstudie ist dies ziemlich gut gelungen. Die End-User wurden durch gezielte firmenspezifische Schulungen mit dem System des Mutterunternehmens vertraut gemacht. Auch die Prozesszusammenhänge wurden anhand von realen Beispielen gut dargestellt. Lediglich bei der Wahl der Key-User könnten solche mit einer besseren Kompetenz für die Vor-Ort-Betreuung ausgesucht werden.

Passende Projektorganisation

Bei der Projektorganisation sollte den beteiligten Unternehmen von Anfang an bewusst sein, dass die IT-Integration als ein Teilprojekt des gesamten Post-Merger Managements zu sehen sein sollte. Hierbei sollte der Fokus unter anderem darauf gelegt werden, dass die Integrationsteams firmenübergreifend zusammengesetzt werden (siehe als Beispiel Abb. 21), wie dies im Beispielunternehmen der Fall war. Dies hatte zur Folge, dass aus Sicht der Beteiligten des Tochterunternehmens die Motivation und die Akzeptanz gegenüber der neuen Systeme gestiegen ist. Noch ein wichtiger Aspekt ist es mögliche Szenarien in Bezug auf die Fluktuation von Wissensträgern frühzeitig zu berücksichtigen. Hierbei sollte der Wissensverlust minimiert und die Systemfunktionalitäten auch ohne Key-User gewährleistet werden. Aufgrund der Tatsache, dass die IT-Integration ein Teilprojekt des Post-Merger Managements ist, können neben den oben aufgeführten Faktoren auch andere relevant sein.

Diese können insbesondere aus der organisatorischen Integration resultieren. Ein Beispiel hierfür könnten die Restrukturierungsmaßnahmen im Beispielunternehmen sein, welche sich auf die Soll-Prozesse und somit auf die Anforderungen an die IT-Integration ausgewirkt haben.

5 Zusammenfassung und Ausblick

Es kann festgehalten werden, dass KMU's oft ein Akquisitionsziel für Großunternehmen sind. Diese Tatsache bringt einige Herausforderungen mit sich. Genauso unterschiedlich wie die finanziellen Mittel und Unternehmenskulturen zwischen Großunternehmen und KMU's sind, sind auch die IT-Umgebungen und Strukturen meist unterschiedlich gestaltet. Im Rahmen dieser Arbeit wurde diese Problematik sowohl in der Theorie als auch in einer Fallstudie genauer betrachtet. Demnach können als Kernprobleme bzw. Schwierigkeiten die Wahl der richtigen Integrationsmethode, Berücksichtigung strategischer Aspekte bei der Wahl des Zielsystems, die Motivation der Beteiligten, die richtige Wahl der Key-User, gezielte Schulungen der End-User und eine passende Gestaltung der Projektorganisation festgehalten werden. In diesem Zusammenhang wurden in Kapitel 2.3 die häufigsten Gründe für das Scheitern einer IT-Integration aufgeführt. Diese waren zum einen fehlende Lizenzverträge, eine heterogene IT-Infrastruktur und -Applikationslandschaft und der daraus resultierenden Schwierigkeit bei der Harmonisierung dieser. Bei der näher betrachteten Fallstudie hatten fehlende Lizenzen des Erwerbers sogar dafür gesorgt, dass das ERP-System des Zielunternehmens, welches aus strategischer Sicht die bessere Wahl gewesen wäre, abgeschaltet werden sollte. Auch wenn das Projekt kurzfristig gesehen erfolgreich gewesen war, könnten solche Aspekte die Integration langfristig gefährden. Deshalb macht es Sinn die oben erwähnten Punkte frühzeitig in die Planung solcher Integrationsprojekte aufzunehmen, um die im Vorfeld gesetzten Ziele zu realisieren.

Um einen Ausblick in die Zukunft der IT-Integration im Rahmen von M&A Transaktionen geben zu können, ist es notwendig sich mit dem Aspekt der zunehmenden Digitalisierung näher auseinander zu setzen. Durch die zunehmende Digitalisierung entwickeln sich immer mehr IT-Trends. Als eines der wichtigsten Trends wurde im Rahmen dieser Arbeit das Cloud Computing näher erläutert. Vermutlich wird die Digitalisierung vor allem in diesem Bereich den KMU's neue Türen öffnen. Diese könnten dann von der Flexibilität des Cloud Computing profitieren.

Ebenso wäre der Aufwand sich Knowhow anzueignen im Vergleich zu herkömmlichen Lösungen deutlich geringer. Nichtsdestotrotz sollten die Risiken im Hinblick auf Datensicherheit und Abhängigkeit von Cloud Anbietern nicht unterschätzt werden. Inwiefern das Cloud Computing sich aber bei KMU's durchsetzen wird, hängt ganz von der Entwicklung der Technologien Informationen und Daten zu verschlüsseln ab. Zumindest lässt die Cloud ERP-Lösung von SAP vermuten, dass auch KMU's in Zukunft immer verstärkt auf solche Lösungen setzen werden. Im Endergebnis würde diese Entwicklung neue Ansätze und Methoden für solche Integrationsprojekte erforderlich machen.

Um die Erkenntnisse dieser Arbeit näher zu präzisieren und der Relevanz nach zu gewichten, wurde abschließend ein kurzes Experteninterview mit Herrn E.T. durchgeführt. Herr E.T. besitzt über langjährige Erfahrung und ist Manager im Bereich IT Audit & Advisory einer international führenden Wirtschaftsprüfungs- und Beratungsgesellschaft. Er wurde zu den einzelnen Aspekten befragt und wurde gebeten die Relevanz dieser im Kontext seiner beruflichen Erfahrung einzuschätzen. Hierbei wurden die einzelnen Erkenntnisse in einer Skala von 1(eher unrelevant) bis 5(äußerst relevant) eingestuft. Demnach wurde der Aspekt der Projektorganisation am wichtigsten eingeschätzt. Wohingegen die Schulung der End-User vor der eigentlichen Migration eher unrelevant eingestuft wurde. Denn es bestehe somit die Gefahr, dass die End-User infolge eines Customizing Prozesses erneut geschult werden müssten, welches zusätzlichen Aufwand für den Erwerber verursachen würde. Die komplette Auswertung wurde in einer Excel Darstellung zusammengefasst (siehe hierzu Abb. 22).

Literaturverzeichnis

Achleitner, A.-K. (2019): https://wirtschaftslexikon.gabler.de/definition/private-equity-45569, Abruf: 11.08.2019, 14:07.

Achleitner, A.-K. / Wecker, R. M. / Wirtz, B. W. (2004): Akteure und Phasen des M&AManagements. WISU. 2004, Bd. 33, 12.

Acker, O. (2006): IT-Governance in der Praxis. Erfolgreiche Positionierung der IT im Unternehmen. Anleitung zur erfolgreichen Umsetzung regulatorischer und wettbewerbsbedingter Anforderungen. Rüter, A.; Schröder, J.; Göldner, A. (Hrsg.), Springer-Verlag Berlin Heidelberg.

Baumöl, U. (2003): Ansätze zur Anpassung des betrieblichen Rechnungswesens bei Unternehmensbeteiligungen, in Wurl, H.-J. (Hrsg.), Industrielles Beteiligungscontrolling, Stuttgart.

Breuer, W. (2019): https://wirtschaftslexikon.gabler.de/definition/leveraged-buyout-lbo-37054, Abruf: 31.07.2019, 01:25.

Bu, Y. (2014): Chinesische Outbound-Investitionen in Deutschland, in Mohr Siebeck, Tübingen.

Bundesfinanzministerium (BMF) (2019): https://www.bundesfinanzministerium.de/Content/DE/Glossareintraege/B/001_Basel_II.html?view=renderHelp, Abruf: 27.07.2019,19:46.

Bundesministerium der Justiz und für Verbraucherschutz (BMJV) (2019): https://www.gesetze-im-internet.de/awg_2013/__4.html, Abruf: 05.08.2019, 14:16.

Bundesverband Informationswirtschaft, Telekommunikation und neue Medien e.V. (Bitkom) (2010): Leitfaden Cloud Computing: Was Entscheider wissen müssen. Bitkom, Berlin.

Dealogic (2019): https://de.statista.com/statistik/daten/studie/797483/umfrage/groesste-munda-deals-chinesischer-firmen-in-europa/, Abruf: 27.05.2019, 15:13.

Dealogic (2019a): https://de.statista.com/infografik/3867/massgebliche-technologie--und-markttrends-im-deutschen-it-markt/, Abruf: 20.07.2019, 15:10.

Dealogic (2019b): https://de.statista.com/statistik/daten/studie/195760/umfrage/umsatz-mit-cloud-computing-weltweit/, Abruf: 20.07.2019, 15:15.

Deloitte & Touche GmbH (2008): Pressebox: https://www.pressebox.de/inaktiv/deloitte-touche-gmbh-wirtschaftspruefungsgesellschaft/MA-Erfolgsfaktor-IT/boxid/194170, Abruf 28.05.2019, 16:30

Dersch, D. (2000): Weiche Faktoren sind oft hart zu managen. In: Kompetenz, 4-2000, S.18-26. Hrsg: Diebold Deutschland GmbH. Düsseldorf: Vereinigte Verlagsanstalten GmbH.

Detering, A. (2014): https://www.achimdetering.de/blog/prozessberatung/was-ist-ein-key-user/ , Abruf: 03.08.2019, 15:02.

Deues, M. (2005): IT für den Mittelstand- die Renaissance der Spezialisten In: VDI-Z Integrierte Produktion, 3/2005, S. 3.

Duden (2019): https://www.duden.de/rechtschreibung/Erfolgsfaktor, Abruf: 29.05.2019, 16:30.

Ernst & Young (2015): Global Corporate Development Study, Abruf: 23.08.2019, 13:46.

Geier, C. (1999): Optimierung der Informationstechnologie bei BPR-Projekten. Dr. Th. Gabler GmbH, Wiesbaden.

Giera, J. (2005): The impact of M&A on IT, Best Practice, in Forrester Research, 31. März 2005.

Gronau, N. (2015): http://www.enzyklopaedie-der-wirtschaftsinformatik.de/lexikon/is-management/Einsatz-von-Standardanwendungssoftware/Vorgehensmodelle-zur-Einfuehrung-von-Standardsoftware/index.html , Abruf: 03.08.2019, 14:31.

Guggenberger, J.M. (2010): Aufbau und Ablauf einer IT-Integration. Hamburg : Gabler Verlag.

Heinrich, Lutz J. (2002): Informationsmanagement. 7. Auflage , München : Oldenbourg.

Institut für Mittelstandsforschung (IfM) (2019): https://www.ifm-bonn.org/definitionen/kmu-definition-des-ifm-bonn/, Abruf: 09.08.2019, 17:05.

Lies, J. (2019): https://wirtschaftslexikon.gabler.de/definition/harte-und-weiche-faktoren-52688, Abruf: 03.08.2019, 00:21

Kampffmeyer, U. (2006): Dokumentenmanagement in der Verwaltung, in Wind, M.; Kröger, D. (Hrsg.), Handbuch IT in der Verwaltung, Berlin.

Kay, R. / Suprinovic, O. / Schlömer-Laufen, N. / Rauch, A. (2018): Daten und Fakten. Unternehmensnachfolgen in Deutschland 2018-2022. Institut für Mittelstandsforschung, Abruf: 13.08.2019, 17:23.

Komus, A. / Reiter, O. (2000): Risiken und Chancen bei der Zusammenführung von IT-Strukturen, in Information Management & Consulting, 15.

Krcmar, H. (2003) : Informationsmanagement. München : Springer Gabler.

Krcmar, H. (2005) : Informationsmanagement. München : Springer Gabler.

Kromer, G. (2001): Integration der Informationsverarbeitung in Mergers & Acquisitions, Köln.

Kromer, G. / Stucky, W. (2002): Die Integration von Informationsverarbeitungsressourcen im Rahmen von Mergers & Acquisitions, in Wirtschaftsinformatik, 44.

Kuckertz, A. / Middelberg, N. (2016): Post-Merger-Integration im Mittelstand. Wiesbaden : Springer Fachmedien.

Lackes, R. (2019): https://wirtschaftslexikon.gabler.de/definition/netzwerktopologie-37454, Abruf: 18.08.2019, 15:50.

Mellert, C. R. (2008): Due Diligence: Compliance bei M&A Transaktionen in: Wecker, G.; van Laak, H. (Hrsg.), Compliance in der Unternehmenspraxis. Grundlagen, Organisation und Umsetzung, Wiesbaden.

Menke, J.-P. (2008): Wert- und risikoorientierte IT Due Diligence.

Ministry of commerce People's Republic of China (MOFCOM): http://german.mofcom.gov.cn/.

Morgan Stanley Capital International (MSCI) (2019): https://www.msci.com/world, Abruf: 25.07.2019, 15:13.

Müller, R. (2000): Fusionen: IT-Integration ist die halbe Miete, in Computerwoche, 27.

National Development and Reform Commission of the People's Republic of China (NDRC): http://en.ndrc.gov.cn/.

Nimz, B. (2000): Elektronische Archivierung, Internet: http://www.lwl.org/waa-download/archivpflege/heft53/nimz.html, Abruf: 27.07.2019, 18:43.

Nolte, N. / Becker, T. (2008): IT-Compliance, in Betriebs Berater, Beilage 5, 63. (2008) 25.

Oanda (2018) : https://www1.oanda.com/lang/de/currency/converter/, Abruf: 26.05.2019, 17:13.

Odenthal. R. (2007): Digitale Archivierung- Leitfaden, Frechen.

Oettinger, R. (2009): https://www.computerwoche.de/a/letter-of-intent-unverzichtbar-bei-grossprojekten,1932235, Abruf: 11.08.2019, 15:42.

Otto, G. (2007): Integration der Informationstechnologie im Rahmen des Post-Merger Managements mittelständischer Industrieunternehmen, Hrsg.: Ekkehart Frieling, Universität Kassel Institut für Arbeitswissenschaft.

Picot, A. / Reichwald,R. / Wigand, R.T. (2001): Die grenzenlose Unternehmung. Springer Gabler.

Probst, G. / Raub, S. / Romhardt, K. (2003): Wissen managen; 4.Auflage Wiesbaden: Gabler.

Rentrop, C.E. (2004): Informationsmanagement in der Post-Merger Integration Berlin: Erich Schmidt Verlag.

Reuß, A. / Fill, C. / Fritsch, W. (1999): IT-Fusion. Motor des Mergers, in Informationweek, 11. 6.

Rose, M. (2019): https://www.computerweekly.com/de/definition/Codierung-und-Decodierung, Abruf: 11.08.2019, 13:08.

SAP (2019): https://www.sap.com/germany/products/what-is-erp.html, Abruf: 28.07.2019, 14:32.

Schaaf, S. / Kowoll, M. (2016): IT-Integration bei Unternehmens-Mergern, (Hrsg.) Kuckertz, A. / Middelberg, N.: Post-Merger-Integration im Mittelstand.

Scheer, A.-W. (1998): Wirtschaftsinformatik: Referenzmodelle für industrielle Geschäftsprozesse. Berlin : Springer Gabler.

Schwarze, L. / Röscheisen, F. / Mengue, C. (2007): IT-Integration im Kontext von Unternehmensfusionen,. HMD. 2007, 44.

Siepermann, M. (2019): https://wirtschaftslexikon.gabler.de/definition/asciicode-28843/version-252467, Abruf: 03.08.2019, 16:42.

Söbbing, T. (2007): IT-Rechtliche Aspekte bei M&A, in M&A Review, 17. 4, S. 166-172.

Spielmann, P. / Koelwel, D. (2006): ERP: solide gebaut. In: e-commerce magazin, 03/2006, S. 12-17, Vaterstetten: WIN-Verlag.

Stewens, G.M. / Kunisch, S. / Binder, A. (2016): Mergers & Acquisitions: Handbuch für Strategen, Analysten, Berater und Juristen. Schäffer Poeschel; Auflage: 2. überarbeitete Auflage.

Strahringer, S. / Zdarsky, F. (2003): IT-Integration bei strategischen Unternehmensbeteiligungen. Technologische Optionen und Vorgehensweisen, in Wurl, H.-J. (Hrsg.), Industrielles Beteiligungscontrolling, Stuttgart.

Strauch, J. (2004): Unternehmensbewertung und Grundsätze ordnungsmäßiger Due Diligence, Münster, Univ. Diss.

Teubner, A. (1997): Organisations- und Informationssystemgestaltung. Wiesbaden : Th.Gabler GmbH.

Umnuß (2012): Corporate Compliance Checklisten, 2.Auflage.

Vogel, D. H. (2002): M&A – Ideal und Wirklichkeit. Wiesbaden : Th. Gabler GmbH.

Voigt, K.-I. (2019): https://wirtschaftslexikon.gabler.de/definition/cad-29408#head1, Abruf: 02.08.2019, 16:48.

Volmer, M. (2011): https://www.welt.de/finanzen/vermoegenscheck/anlage-abc/article12999711/Was-Large-von-Small-Caps-unterscheidet.html , Abruf: 31.07.2019, 01:09.

Weisbecker, A. (2012): Neue Chancen für den Mittelstand, HMD Praxis der Wirtschaftsinformatik, Heft 285.

Wirtz, B. W. (2003): Mergers & Acquisitions Management – Strategie und Organisation von Unternehmenszusammenschlüssen. Wiesbaden : Springer Gabler.

Zephyr, B.v.D. (2019): https://de.statista.com/statistik/daten/studie/233964/umfrage/volumen-der-munda-deals-in-europa/, Abruf: 23.05.2019, 13:43.

Zwirner, C. / Boecker, C. (2013): Risikomanagement in der Phase der Post-Merger-Integration, Betriebs Berater (BB) Heft 45.

Anhang

Berechnung : Anteil der größten M&A-Deals chinesischer Unternehmen am Gesamtvolumen der Transaktionen in Westeuropa zwischen 2013 und 2018

Gesamtvolumen:	1.550,87	Mrd. $
Volumen der größten M&A Deals chinesischer Unternehmen:	100	Mrd. €
USD/Euro Kurs per 31.12.2018 laut Oanda.com :	0,8736	€
Umrechnung des Gesamtvolumens auf Euro	1.354,84	Mrd. €
Berechnung des Anteils	100 Mrd. € /1.354,84 Mrd. € = 7,38%	

Abb. 20: Anteil der größten M&A-Deals chinesischer Unternehmen am Gesamtvolumen der Transaktionen in Westeuropa[127]

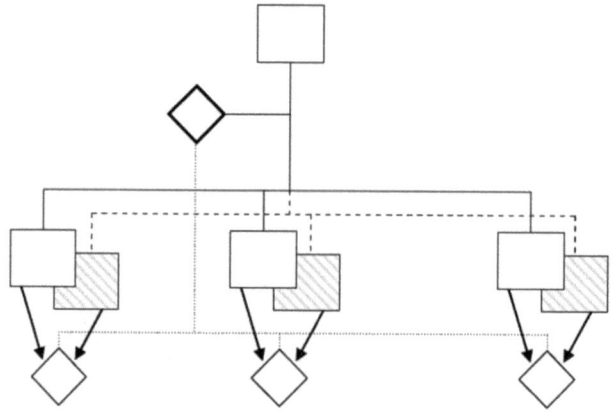

Abb. 21: Projektorganisation bei der IT-Integration[128]

---

[127] Eigene Berechnung.
[128] Otto, G. (2007), S. 171.

Anhang

Interview mit Herrn E.T. über die Erkenntnisse der Bachelorarbeit
"IT als Erfolgsfaktor bei der Post Merger Integration im Mittelstand"

Herr E.T. wurde im Rahmen eines Interviews zu den in der Tabelle aufgeführten Aspekten gebeten eine Einschätzung auf Grundlage seiner beruflichen Erfahrung zu geben.
Hierbei orientierte er sich an einer Punkteskala von 1(eher unrelevant) bis 5(äußerst relevant).

Fragestellung: *"Inwiefern würden Sie Herr E.T. die Relevanz der folgenden Aspekte, auf Grundlage Ihrer Erfahrungen an IT-Integrationsprojekten beurteilen?"*

Erkenntniss der Arbeit	Einschätzung von Herrn T
Die Wahl der richtigen Integrationsmethode	4.5
Berücksichtigung strategischer Aspekte bei der Wahl des Zielsystems	2.5
Die Motivation der Beteiligten	4
Die richtige Wahl der Key-User	3.5
Gezielte Schulungen der End-User	2
Passende Gestaltung der Projektorganisation	5

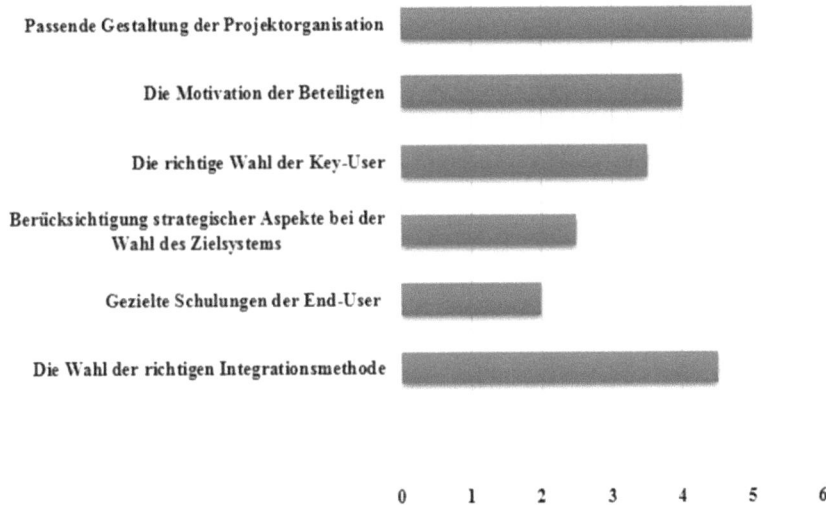

Abb. 22: Auswertung des Experteninterviews